SIEGFRIED MAY

Nach dem Studium wurde der 1935 in Dresden geborene Siegfried May in der Flugzeugindustrie der Stadt Dresden tätig. 1995 beendete er sein Berufsleben, in dem er der „Fliegerei" stets treu geblieben war, und ging in den Ruhestand. Mit dem Einstieg ins Rentnerdasein war nun auch Zeit gekommen für persönliche Interessen, Hobbys, Computer und Geschichte, für die er sich schon immer begeistert hat.

So beschäftigte sich May fortan intensiv mit der Erforschung der Vorfahren in ihrem historischen Umfeld. Nachdem die direkten Vorfahren in Neustadt/Sa. als ein altes Bauerngeschlecht bis 1501 hinreichend erforscht waren, ergaben sich darüber hinaus Verbindungen zu May-Familien in Dresden. So wurde auch die Historie seiner Heimatstadt Dresden, in der May zusammen mit seiner Ehefrau noch heute lebt, zu einem Interessenfeld, dessen Analysen Dresdner Stadtgeschichte neu beleuchten.

Die Dresdner Adressbücher –

vom Anfang bis zur Gegenwart

von

Siegfried May

www.tredition.de

Impressum

© 2010 Siegfried May

Umschlag: Siegfried May nach Layout/tredition

Lektorat/Korrektorat, Layout/Produktion: DK Agentur/Dietlind Koch–Fecke

Verlag: tredition GmbH, Mittelweg 177, 20148 Hamburg

Printed in Germany

ISBN: 978–3–8424–5145–2

*Bibliografische Information der Deutschen Nationalbibliothek:
Die Deutsche Nationalbibliothek verzeichnet diese Publikation in der Deutschen Nationalbibliografie; detaillierte bibliografische Daten sind im Internet über http://dnb.d-nb.de abrufbar.*

INHALTSVERZEICHNIS

VORWORT

Wenn wir heute feststellen können, dass sich immer mehr Menschen in ihrer Freizeit mit der persönlichen oder ganz allgemein mit der Vergangenheit beschäftigen, dann möchte dieses Heft anhand von Beispielen für die Historie der Stadt Dresden in Verbindung mit den Adressbüchern einige Hinweise geben. Dabei möchte ich mich im Besonderen an die vielen Interessierten wenden, die die Heimatgeschichte oder die Lebensdaten und das soziale Umfeld ihrer eigenen Vorfahren in dieser Stadt erforschen wollen. Für beide Disziplinen ist natürlich eine Vielzahl von Quellen bekannt, die auch alle zu diesen Themen berücksichtigt werden müssen.

Im Mittelpunkt meiner Betrachtung für die Stadt Dresden sollen aber hier alle die Quellen stehen, die zunächst Namen und weitere Angaben zu den jeweiligen Personen beinhalten und dabei auch die in der entsprechenden Zeit vorhandenen sozialen, politischen und historischen Geschehnisse mit einbeziehen. Dazu eignen sich viele Bücher zur Residenzstadt Dresden, die diese Angaben beinhalten, egal ob sie im Titel das Wort „Adressbuch" oder eine andere *Überschrift* haben.

Der Begriff *Adressbuch* sollte dabei auch nicht immer nur so, wie wir ihn heute kennen und anwenden, gedeutet werden. Die Anfänge vor mehr als 300 Jahren bilden da alle die Bücher, die eine Anzahl von Namen oder Personen nennen, die in der jeweiligen Zeit im Mittelpunkt des allgemeinen Interesses im Zusammenhang mit den damaligen Geschehnissen in Dresden standen. Diese waren natürlich zunächst die „Herrschenden und ihre Lakaien", aber auch alle, die mit ihren Taten und Äußerungen auf sich aufmerksam machten oder von vielen Dresdnern „bewundert" wurden.

Eines dieser ersten Bücher ist das noch heute vorhandene Buch von 1702, in dem einige Dresdner Personen zusätzlich zum Hofstaat aufgeführt werden. Dieses Buch führt natürlich noch nicht den Begriff *Adressbuch* im Titel. Im Weiteren sind die Bücher aus den Jahren 1738/1740 vorhanden, in denen dann auch immer mehr Personen genannt und erstmals deren Wohnadressen in Dresden mit angegeben wurden. Für die Personen des Hofstaates und ihrer Bediensteten sind solche „Drucke" ab dem Jahre 1728 bekannt, allerdings ohne Wohnadresse, die unter dem Titel „Hofkalender" dann auch in den Folgejahren bis 1927 bzw. 1934 – mit Lücken – erschienen [>Anlage 1)].

Die ersten Adressbücher, so wie wir diese heute verstehen, erschienen dann in den Jahren 1797/1799, aber auch da noch nicht mit dem Begriff *Adressbuch* sondern unter dem Titel > „Dresden zur zweckmäßigen Kenntnis seiner Häuser und deren Bewohner". Beim Studium dieser Bücher und vor allem des Wortlautes der Vorworte wie auch der in den weiteren Jahren gedruckten und veröffentlichten Bücher erkennen wir auch die Gründe und Probleme, die die Autoren bzw. Herausgeber mit diesen Büchern hatten, wie z. B. > nicht mit dem Beginn der Personen des Königshauses, der Wegfall oder die Einschränkung der vielen Titel und die alphabetische Reihenfolge der Namen anstelle der üblichen *Rangordnung*. Erst viele Jahre später einigte man sich offensichtlich auch dahingegen, dass es für den *Hofstaat des Königreiches Sachsen* und den wachsenden *Städten des Landes* unterschiedliche Bedürfnisse zu den öffentlich zu machenden Angaben gab und sich so Menge und Inhalte der Adressbücher und der Hofkalender daran unterschieden.

Zum Thema *Adressbücher* insgesamt gibt es auch mehrere professionelle Veröffentlichungen wie z. B. im „DRESDNER GESCHICHTSBUCH 5" des Stadtmuseums Dresden > S. 253:

„Die Dresdner Adressbücher – eine orts- und sozialgeschichtliche Quelle für die Stadtgeschichte" von Gisela Hoppe/1999 [10]

Parallel zu diesen *Büchern*, mit denen versucht wurde, möglichst eine Vielzahl der Einwohner der Stadt Dresden zu erfassen und bekannt zu machen, gab es auch Bücher, die nur einen bestimmten Personenkreis der Öffentlichkeit vorstellen wollten; meist waren es Künstler und Wissenschaftler der jeweiligen Zeit. So kennen wir aus dem Jahre 1788 ein Buch mit dem Titel „Nachrichten von allen in Dreßden lebenden Künstlern", in dem dann auch zu den Namen und persönlichen Daten noch eine Kurzbiographie hinzugefügt wurde. Auch solche Bücher mit diesen Angaben sind natürlich für den interessierten Forscher von großem Wert. Ähnliche Bücher sind dann auch für die Folgejahre bekannt und werden hier in diesem Heft noch etwas ausführlicher vorgestellt.

Wer unbedingt diese Bücher in bestimmte Gruppen einteilen möchte, um schon im Titel zu erkennen, welche Inhalte vorrangig zu erwarten sind, könnte da z. B. in 1. *Adressbücher* aufnehmen, wenn diese Angaben zu den Namen/Vornamen, den Berufen und der Wohnadresse in Dresden haben, oder dann in 2. die *Königl. Sächsischen Hof- und Staatskalender* und in 3. die sog. *Personenbücher* für ausgewählte Personengruppen. Im Ergebnis von

Diskussionen in verschiedenen Vereinen und in den Mailinglisten sind mir solche *Wünsche* schon oft begegnet.

Für eine Definition der „Adressbücher" aus der Sicht vor über 100 Jahren, kann bzw. sollte man auch ein *Vorwort der Herausgeber aus dem Jahre 1897* einbeziehen, welches als wörtliche Abschrift im Abschnitt > *1. Die Vorläufer der Adressbücher* hier wiedergegeben wird.

Die Mehrzahl der Adressbücher für fast alle anderen Städte oder Gebiete Sachsens finden wir aber meist erst um 1880, vor allem auch als Ergebnis des technisch-technologischen und wirtschaftlichen Aufschwungs in Sachsen und der damit verbundenen Industrialisierung.

Die Gründerjahre und ihre Auswirkungen um 1850 mit den gesell-schaftlichen und wirtschaftlichen Veränderungen finden wir auch in Inhalt und Umfang der Adressbücher Dresdens wieder. So wird nun immer mehr die Werbung mit Anzeigen als Einnahmequelle und zur Deckung der Druckkosten erkannt. In der zweiten Hälfte des 19. Jahrhunderts enthalten die Adressbücher nun zunehmend Informationen zum Alltagsleben, so dass diese immer mehr als eine Art *Stadtlexikon* [8] genutzt werden. So finden wir z. B. im Adressbuch von 1868 und bes. später in den Jahren um 1900 viele Informationen zur Geschichte der Stadt, allgemeine Nachrichten und Angaben zur Stadt sowie Hinweise zu den Post-, Telegraphen- und Fernsprecheinrichtungen, dem Eisenbahnwesen, Tarifen und Preisen, Fahrplänen der Sächsisch-Böhmischen Dampfschifffahrts-Gesellschaft, den Fahrplänen der Straßenbahnen- und Omnibuslinien, sogar auch zu den Droschken- und Fiaker-Besitzern usw.

Dass wir uns heute viele dieser *Adressbücher* und deren Vorläufer ohne einen Besuch von Bibliotheken oder Archiven schon zu Hause am Computer ansehen können, verdanken wir dem technischen Fortschritt und den Bemü-hungen verschiedener Institutionen, wie z. B. der SLUB Dresden aber auch enga-gierten Personen und Hobby-Forschern, die sich hier mit Fleiß und Wissen ein-bringen, damit ständig weitere Bücher oder deren Inhalte *digital* bzw. online zur Verfügung gestellt werden können. Dazu können die sich immer mehr durchsetzenden speziellen Lesegeräte > „e-book-reader" behilflich sein.

So gibt es z. B. auch den Verein „Computergenealogie", der mit seinen über 3.000 Mitgliedern u. a. mit dem *Projekt Adressbücher* mit Stand vom 30. September 2011 schon 343 abgeschriebene Adressbücher mit 2.664.321 Einträgen aus 6.502 Orten mit den *Namen/Berufen/Orten* in einer allen

Interessierten kostenlos und ohne Mitgliedschaft zugänglichen Datenbank zur Verfügung stellt > siehe hier Abschnitt **9. Quellen**[1].

Dies ist insofern eine neue *Qualität*, da bisher alle anderen digitalisierten Adressbücher nur als „Bild je Seite" übers Internet einsehbar sind. Natürlich wird mit der weiteren Entwicklung von entspr. Software dieses *Abschreiben* evtl. zukünftig auch nicht mehr erforderlich sein, aber bis dahin sind weiter fleißige Helfer gesucht.

In diesem Buch mit dem Titel „Die Dresdner Adressbücher – vom Anfang bis zur Gegenwart" sind insbesondere die Adressbücher der Jahre 1738/1740, 1797/1799, 1831 und 1868 und einige *Personenbücher* mit den darin enthaltenen *58.980 Angaben** zu Namen/Vornamen/Titel – Beruf und Wohnadresse **in Dresden***, aber auch die darin enthaltenen historischen **Text-Inhalte** erfasst und ausgewertet worden. Damit kann man oft die im Zusammenhang mit der Geschichte Dresdens erwähnten Namen und Ereignisse konkret nachverfolgen oder manchmal sogar dazu noch einiges ergänzen.

Als grundlegendes Nachschlagewerk für die Dresdner Stadtgeschichte ist hier das dreibändige Lexikon „Geschichte der Stadt Dresden", welches anlässlich des 800-jährigen Stadtjubiläums im Jahr 2006 erschien, zu nennen [9].

Dresden im November 2011, Siegfried May

1. Die Vorläufer der Adressbücher und Hofkalender

Wenn man die Anfänge der Adressbücher für Dresden datieren will, dann ist sicherlich das Buch aus dem Jahre 1702 vorrangig mit zu erwähnen >

„Königliches Dreßden in Meissen/ vorstellend den voritzo darin befindlichen Resp. Königl. und Chur-Sächs. Regierungs- Hof- Militz-Cammer-Steuer- und Kirchen-Staat/ benebst dem Stadt-Magistrat und einig anderen Conditionirten Personen Anno 1702"[2]

In manchen Publikationen wird dieses Buch auch als das „erste Adressbuch" Dresdens bezeichnet, was sicherlich nicht grundsätzlich falsch ist, aber da in diesem noch keine Wohnadressen angegeben sind, trifft der „Titel" wohl eher auf das Buch von 1738 oder noch besser auf das von 1797 zu. Wenn man dann die „Vorrede" zu dem Buch von 1702 liest – der Autor spricht darin von „Bögen" also einzelnen großen Blättern ohne „feste Bindung als Buch"–, so gibt uns diese aber trotzdem viele recht interessante Hinweise zum Inhalt und Anliegen. Obwohl die relativ geringe Anzahl von ca. 325 Namen im Verhältnis zur der damaligen Bevölkerung von ca. 32.000 Einwohnern doch sehr gering ist, lässt sich dies vor allem damit erklären, dass die Zielrichtung dieses *Buches* zunächst die war, den Auswärtigen das Auffinden der zu besuchenden bzw. gesuchten Personen oder *Behörden* in Dresden ohne größeren „Aufwand und Befragungen" zu erleichtern. Zum anderen betrachtet der Autor die Aufnahme von Handwerkern und andere „untere Stände" in diesem Buche als zu „langweilig" und er führt deshalb nur die „conditionirten" [unerlässlichen] Personen auf. Es sollte sich also der Leser oder Nutzer auf die für ihn wichtigen Personen bzw. Angaben konzentrieren können. Auch aus anderer Sicht ist die nachfolgende wortgetreue Abschrift oft mit philosophischen Bemerkungen für uns heute noch recht aufschlussreich. Einige wenige benutzte, heute kaum verwendete *Begriffe* sind kurz erläutert [> eine Deutung aus heutiger Sicht], aber man kann bzw. sollte natürlich dann dazu auch in der Vielzahl der im Internet verfügbaren Lexika nachschlagen.[3] Es wird in dieser *Vorrede* darauf verwiesen, dass es zu diesen *jetzt in Dresden lebenden Personen* schon früher andere Bücher für weitere Städte wie Leipzig, Halle, Wittenberg usw. gegeben hat und es somit an der Zeit war, auch für die „weltberühmte" Residenzstadt Dresden ein ähnliches Buch zu erstellen.

Original von 1702 mit buchstabengetreuer Abschrift der **„Vorrede"** des Autors (das Buch hat insgesamt 114 Blatt) >

„Nach Standes-Gebühr hochverehrtester und geneigter Leser.

Es sind bißher unterschiedliche Bogen [eigentlich ungebundene Bücher, Seiten-Zusammenstellungen], *für das ietzt-lebende Leipzig / Wittenberg /Jena /Halle /Hamburg /Breslau / letztlich auch die Röm. Kayserliche Residentzstadt Wien /&c darstellend /zum Vorschein gekommen /welche soweit ihren guten Nutzen haben /daß man nebst dem Alten (so in ordentlichen Chroniken/ Ort- und Zeit-Beschreibungen verhanden und allerdings in hohem Wert zu halten) auch daß Neue wissen /sich dessen in gemeinen Handel und Wandel desto beqvemer bedienen /und also öfters vielen ungemachlichen Nachfragens und unzichtigen Berichts überhohlen seyn könne: zumahl mehrmals in dergleichen grossen und Volckreichen Regierungs- und Handels-Städten auch wohl viele derjenigen/so der Orten selbst wonhaft/ihre Obern und andere conditionirte Personen* [bedeutende

Personen] */unter denen sie leben und handeln/nicht recht kennen/oder doch dero völlige Namen/Qvalität und Titular nicht so genau wissen; geschweige auswertige und fremde/welche etwa dahin zu negociiren* [sich zu besprechen bzw. sich treffen wollen] *haben/oder doch aus Curiosite an dergleichen Wissenschaft Gefallen tragen.*

Wannen hero uff einiger guter Gönner/so das ietzt-lebende Dreßden/als eine Weltberühmte/(nunmehro auch Königl. Chur- und Fürstliche Residentz und Republic/gerne sehen mögten /Verlangen nicht entstehen wollen/selbiges auff berührte Art gegenwärtig vorzustellen/und zu des geehrt- und geneigten Lesers Diensten wohl-meynend darzulegen.

Es wird aber der wohlgeneigte Leser hier allein mit Specifirung der vornehmsten und besonders zu denen verschiedenen Regierungs-Collegiis gehörigen hohen und niederen Bestallten/ so viel vorietzo von der Chur-Sächs. Regierung dependiren/und von dem Königl. Staat in Pohlen abgesondert sind /content seyn. Denn/wie in obbenannten bißhero erirten Beschreibungen/womit zu Halle der Anfang gemacht/und also in übrigen überall nachgefahren worden geschehen /alle und iede Taths-Diener /Ausreuter/ Thür-Knechte/ Thorwärter/ Kellermänner/ Bier-Schröter und Schenck-Knechte/ Marck-Meister und Knechte [also „niederes Volk" wie Dienerschaft, Ausreiter, Türknechte, Thorwächter, Weindiener, Bierverteiler, Schenkwirte usw.] */und dergleichen homines infimä conditionis, mit einzubringen /wollte etwas langweilig fallen/auch bey so einer hohen Residentz und zahlbaren Staats-Assemblée die Raison nicht wohl zulassen. Genug/wenn man bey denen Regierungs-Collegiis etwa eines und des andern Unter-Bedienten/so zum Vortrag gebraucht wird/nahmentlich mit* gedencket [Ausnahme sind einige Personen die als Angestellte in Behörden arbeiten]. *Vielmehr hat man vor dienlich erachtet/dargegen bey Specificirung der vornehmsten Herren Räthe und Ministren Dero Beybestallungen/Ansitze und Titulaturen mit zu berühren: welches doch in vorher ausgegangenen selten/oder wohl gar nicht geschehen.*

Will iemand ferner hier und da etwas suppliren oder verändern [evtl. Ergänzungen können ja durch weitere zusätzliche Seiten beigelegt werden] */(wie denn nichts unbeständigeres in der Welt/als menschlicher Condition Glücks- und Lebens-Wechsel) können diese wenigen Blätter mit ledigen Papier unterlegt /und alsofort mit leichter Mühe erfüllet werden. So kann man auch der Rangirung wegen so eine accurats Methode wohl schwerlich treffen/als sie wohl seyn sollte/und man wündschen mögte/zumal die gewöhnlichen Hoff-Ordnungen offterer Veränderungen unterworffen: Daher die Abtheilung in gewisse Capita und Classes (wie nechstfolgende Pagina summaiter zeiget) am dienlichsten geschienen. Im mittelst doch niemanden hierinnen im geringsten etwas präjudiciret seyn soll. Schließlich*

*hat man/weil das Werck an ihm selbst nicht groß/demnach Standes-Gebühr ge-
ehrt- und geneigten Leser mit einer weitläufftigen Vorrede nicht beschwerlich
fallen/vielmehr aber sich selbst zu fernerer Gewogenheit dienstlich überlassen
wollen.*

Auf der Seite 105 als eine Art „Schlusswort" liest man dann nochmals einen
Appell des Autors zur *Mitarbeit* an diesen „Bögen", um weitere Ergänzungen
und Verbesserungen zu erreichen: >

*   **Schließlich:** *Wird der nach Standes-Gebühr geehrte Leser nochmahls dienstl.
ersucht/ mit dieser ziemlich mühsamen Specification vor dißmahl content zu seyn/
auch so ferne man bey ein- und anderm der Rangirung und Titulatur wegen/ oder
auch gäntzlichen Übergehen/ mögte gefehlet haben/ solches ist nicht über zu
nehmen/ und in nechster anderweitiger Edition möglichste Besserung gewarten:
indem man über alle angewendeten Mühe und Behutsamkeit doch wohl nicht alles
genau und accurat mögte getroffen haben/ daß es keine Exception leiden könnte.
Qvot capita enim, totsensus: und wer auff die Gasse bauet/ muß viel Richter leiden. Immittelst hat man gethan/ so viel möglich gewesen. Diejenigen/ so etwa
übergangen worden/ und mit drinne stehen sollten/ wollten dero Nahmen und
Locirung nur dem Herrn Verleger/ Johann Jacob Winckler notificiren/ welcher so
denn schon weitere Disposition deswegen zu machen wissen wird.*

Statistische Angaben zum Jahr 1702 :

1702   Einwohnerzahl in Dresden > errechnet 33.500 Einwohner. Da keine
Angaben gefunden wurden, aber für das Jahr 1697 zählt man 31.000
Einwohner und im Jahr 1727 inges. 46.472, d. h. bei einem durchschn.
Jahreswachstum 500/Jahr, ergibt sich dann in 5 Jahren für das Jahr 1702
ein Plus von ca. 2.500 Personen, so dass man für das Jahr 1702 ca.
33.500 Einwohner annehmen kann[14].

1702   Im *Buch 1702* sind insgesamt **325 Namen** mit Titeln enthalten, von
denen allerdings auch einige mehrfach eingetragen sind. Man findet
gleiche Namen mit gleichen Vornamen, die sicherlich oft doppelt erwähnt sind oder in mehreren „Behörden" gleichzeitig wirkten bzw. diesen „vorstanden", und man weiß dann auch nicht, ob hier der Vater
oder der gleichnamige Sohn gemeint ist.

Die späteren „Hofkalender" oder die „Sächsischen Staatskalender" ab 1728:

Wie eingangs erwähnt, kann man dieses Buch aus dem Jahre 1702 auch als Vorläufer für die ab dem Jahre 1728 in der SLUB Dresden und IN vorhandenen bzw. erschienenen *Hofkalender*[4] betrachten. Oft werden insbes. die frühen *Hofkalender* auch mit zu den *Adressbüchern* gezählt, obwohl diese eigentlich eine *eigene Kategorie* bilden sollten und daher wohl mehr ein *Sächsisches Behördenverzeichnis* sind. Aber wie alle *Namensbücher* dieser Zeit sind auch diese eine gute ergänzende Quelle zur Geschichte der Stadt Dresden.

Hierzu ein Auszug zu den „Sächsischen Staatshandbüchern" die man im Internet nachlesen und auch im Hauptstaats-Archiv Dresden als CD-Serie käuflich erwerben kann.

Auszug aus dem Vorwort:

„... Die ersten regelmäßig herausgegebenen Staatskalender erschienen seit ca. 1670 in England, Frankreich und Italien. Das Alte Reich folgte mit Verzögerung: Hier etablierten sich Staatskalender erst in der Zeit zwischen 1700 und 1730 in Kursachsen, über die Wettiner in Personalunion mit Polen verbunden, gehörte zu den Staaten, in denen ein derartiges Periodikum erst relativ spät herauskam.

Der erste Staatskalender [für das Land Sachsen] erschien mit dem Titel „Calender auf das Jahr 1728" in den letzten Herrschaftsjahren August des Starken. Auffällig ist, dass die beiden wichtigsten sächsischen Städte dem Staat weit vorauseilten: Leipzig gab im Jahr 1701 einen [Vorläufer] Adresskalender heraus, Dresden im Jahr 1702. Verleger des sächsischen Staatskalenders war Moritz Georg Weidmann d. J. in Leipzig. Weidmann gehörte zu den leistungs-stärksten und geschicktesten Verlegern der deutschen Buchhandelsmetropole. Sein unternehmerischer Erfolg paarte sich mit gesuchter und gefundener Nähe zum kursächsischen Hof und Staat. Er unterhielt eine Korrespondenz mit den Grafen Flemming und Brühl, bezeichnete sich 1722 als „libraire du Roy", wurde 1727 zum Commercien-Rat und Geheimen Kämmerer ernannt und im Dezember 1730 als Accis-Rat bei der Landakzise in Leipzig bestallt. Diese staatliche „Karriere" hatte auch eine buchhändlerische Seite: Im November 1732 erhielt er die Pacht über die quasi regierungsamtliche Leipziger Zeitung; seit 1728 gab er – wie bereits erwähnt – den sächsischen Staatskalender heraus ..."

Natürlich sind diese *Hofkalender* für die *Sachsen- und Dresden-Forschung* insofern eine hilfreiche Quelle, weil die dort erwähnten Personen sich hauptsächlich in der Residenzstadt aufhielten, wohnten oder dort ihre „Zweitwohnung" bzw. das sog. „Absteigequartier" hatten. Man wollte ja in der Nähe des Königs sein und auch die *Bequemlichkeiten* und das niveauvolle Umfeld genießen. So findet man daher z. B. viele Rittergutsbesitzer in den Dresdner Adressbüchern oder Hofkalendern, weil sie da ihren ständigen Wohnsitz und oft bestimmte Funktionen am Hofe auszuüben hatten.

Ihr **Rittergut**, oft als **Schloss** umgebaut, war dann eben ihr sog. „Sommersitz".

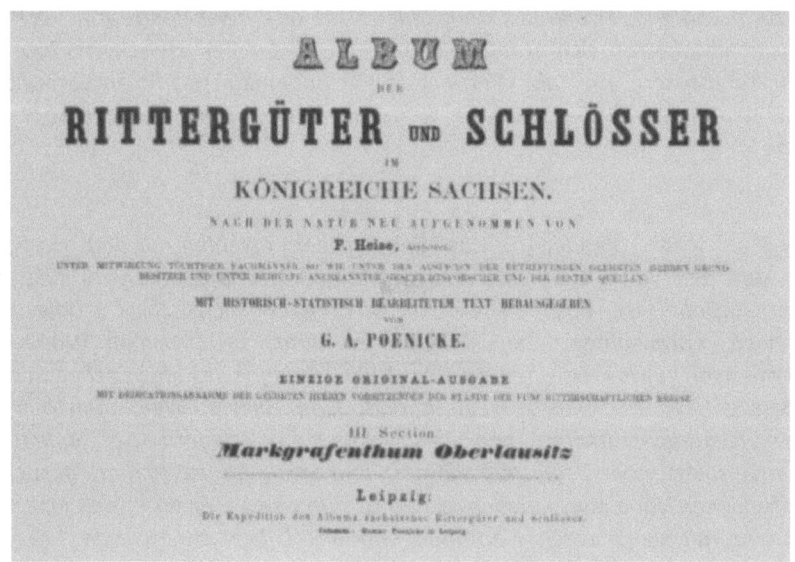

Siehe hierzu auch „Album der Rittergüter und Schlösser im Königreich Sachsen" von G. A. Poenicke „Die Rittergüter des Königreich Sachsen" von Dr. H. L. Hofmann, 1901 [Hist.Sax.M. 437.s] [5].

In den **Adressbüchern von 1738 bis 1868** gibt es insgesamt **121 Einträge** als *Rittergutsbesitzer*, z. B. das *Schloß Langburgkersdorf b. Neustadt/Sa*.

Urkundliche Nachweise für dieses Rittergut bzw. Schloss gibt es ab 1423.

Adreßbuch Dresden 1856, S. 115:

Curt von Larisch, Oberleutnant von der Armee und Rittergutsbesitzer, Dresden, Hospitalstraße 2 [† 1858].

17

Besitzer waren u. a. die auch **in Dresden** und am **Sächsischen Hof** bekannten Familien:

- ➢ von **Haugwitz** — 1555 bis 1563
- ➢ von **Wehse** und von **Miltitz** — 1564 bis 1650
- ➢ von **Miltitz** und von **Fletcher** — 1651 bis 1815
- ➢ von **Fletcher** und von **Reuss** — 1815 bis 1856, danach von **Larisch**
- ➢ Gräfin von **Wartensleben**, Georg von **Stieglitz**, Richard **Friese**

Zum Thema *Dresdner Adreßbücher* können wir uns nachfolgend auch im **Vorwort** aus dem **Adressbuch 1897** wertvolle und vor allem aber auch **zeitgemäße allgemeine Hinweise** wie folgt entnehmen:

Das Adreßbuch der Stadt Dresden, welches diesmal in erweitertem Umfange vor die Öffentlichkeit tritt, kann im Jahre 1897 auf 100-jähriges Bestehen zurückblicken und giebt zu mannigfachen Vergleichen zwischen einst und jetzt Anregung. Ein Adressbuch in einfacher unvollständiger Ausführung bestand hierorts allerdings bereits im Jahre 1702. Es erschien bei Johann Jacob Winkler und trägt den Titel „Das iezt lebende Dreßden. Königliches Dreßden in Meißen/vorstellend den voritzo darin befindlichen Resp. Königl. u. Chur-Sächs. Regierung- Hof- Militz- Cammer- Steuer- und Kirchenstaat, benebst dem Stadt-Magistrat und eingen anderen conditionirten Personen."

Sodann wurden in den Jahren 1729, 1738 und 1740 von dem Stadt-Fourier Christian Robring ähnliche Werkchen herausgegeben, welche ebenfalls nur „vom gesamten Königl. und Churfürstliche Etaat", aber nur dasjenige, was sich würklich davon in dieser Stadt befindet und aufhält, enthalten. Sämtliche genannte Bücher, von welchem die hiesige Stadtbibliothek drei Exemplare besitzt, können demnach noch keinen Anspruch auf den Namen eines Adreßbuches von Dresden machen. Es sind Bücher, die sich mehr als Fremdenführer darstellen, und nur als eine Art Vorläufer der späteren Adreßbücher zu betrachten sind.

Erst im Jahr 1797 erschien ein in ausführlicher Weise bearbeitetes Adressbuch von Dresden, dasselbe wurde vom Kandidaten, späteren Advokaten Gottlob Wolfgang Ferber herausgegeben. Derselbe schreibt in der Einleitung dieses Buches: „Dem wunsche vieler hiesigen Einwohner und hierher kommenden Fremden, ein Buch zu haben, welches eine zweckmäßige und richtige Kenntniß der Häuser in der Stadt Dresden und deren Bewohner verschaffe, um das viele und größtentheils vergebene Nachfragen zu vermeiden, und sie ohne dergleichen Schwierig-

keiten leicht finden zu können, veranlaßte mich, einen Versuch zu wagen, denselben durch gegenwärtiges Werk einigermaßen zu befriedigen". Dieses Buch enthält 606 Seiten klein Octav mit 94 Seiten Register, stellte die Bewohner nach Straßen, letztere wieder nach den Stadtvierteln geordnet, zusammen und kostete 1 Thlr. Im Jahre 1799 erschien die erste Forsetzung, nach dem Wunsche vieler, bloß in alphabetischer Ordnung abgefaßt und um manches Neue bereichert. Beide Bücher besitzt die Königl. öffentliche Bibliothek, sowie die Stadt-Bibliothek.

Auch das Archiv der Königl. Polizei-Direktion besitzt Adreßbücher bis zum Jahr 1797 zurück. Wie bedeutend die Entwicklung der Stadt Dresden sich im Laufe der Jahrzehnte gestaltete, bringt der Umfang der Adreßbücher anschaulich zum Ausdruck. Das Adressbuch enthält z. B.:

Im Jahre 1818 = 368   Seiten

Im Jahre 1858 = 716   Seiten

Im Jahre 1868 = 1125   Seiten

Im Jahre 1878 = 1287   Seiten

Im Jahre 1888 = 1555   Seiten

Im Jahre 1896 = 2226   Seiten

Nun sind 29 Vororte im engeren und weiteren Kreise der Stadt Dresden in der Hauptausgabe des diesjährigen Adreßbuch mit aufgenommen [diese 29 Vororte waren zu diesem Zeitpunkt 1897 noch nicht zu Dresden eingemeindet, das geschah erst ab bzw. nach 1902; sie wurden aber schon zu *Dresden-gehörig* betrachtet], *deshalb war es nöthig, ein entsprechend größeres Format zu wählen, besonders auch, um das Werk wie bisher in einem Bande herzustellen und eine Spaltung in zwei Theile zu vermeiden.*

Die vorliegende Ausgabe, welche erstmalig in ihrer neuen Gestalt unter dem Titel: „Adreßbuch für Dresden und seine Vororte" vor die Öffentlichkeit tritt, wird vielen Wünschen nicht nur der Geschäftswelt, sondern auch der Bewohnerschaft der Stadt und weiterer Umgebung entsprechen und in seiner inneren Gestaltung und zahlreichen Vermehrung von keinem Adreßbuch der großen Weltstädte übertroffen werden.

Als weitere Vervollständigung des Adreßbuches ist zu bezeichnen, daß bei den Inhabern der Fernsprechzellen Amt und Nummern der Leitung nicht nur im alphabetischen Namensverzeichniß, sondern auch im Verzeichnis der Berufsklassen und im Handelsregister mit aufgenommen sind. Im Nachweis der Bewohnerschaft der Häuser sind außer den bisherigen Steuereinheiten und Kataster-Nummern auch die Grundbuch-Nummern der Häuser angegeben. Im Handelsregister sind die Folien-Nummern vor der Firma aufgeführt, ferner wurde erstmalig das Genossenschafts-Register aufgenommen. Soweit wie zu erlangen, ist der Rufname der Bewohner neben dem Familiennamen vollständig verzeichnet und soll diese, namentlich von der Geschäftswelt viel begehrte Einrichtung im Laufe der nächsten Jahre durchgängig bewirkt werden.

Das Adreßbuch für Dresden und seine Vororte ist ein zuverlässiges Nachschlagebuch für Einheimische und Fremde, welche sich über die Residenzstadt, dessen Vororte und Einrichtungen, orientiren wollen. Alle Angaben beruhen nicht allein auf amtliche Vorlagen, sondern auch auf thatsächlichen Erhebungen und directen Mittheilungen, welche letztere, wo Veranlassung dazu vorhanden, entsprechender Prüfung unterzogen wurden. Wenn dennoch einzelne nicht zutreffende Angaben vorkommen sollten, so mögen die Schwierigkeiten, welche das Herbeischaffen eines so umfassenden Materials und dessen Bearbeitung von einem zahlreichen Personal in knapp zugemessener Zeit mit sich bringen, freundliche Berücksichtigung finden.

Die vielseitige Neubearbeitung des gegenwärtigen Adreßbuches, vor allem die erstmalige Aufnahme der Vororte, war eine mühevolle Aufgabe. Durch geneigtes Entgegenkommen seitens der höchsten Königlichen und Städtischen Behörden, sowie der Gemeindeämter der Vororte, als auch durch rege Theilnahme der Bewohner der Residenzstadt und der Vororte, fand die Neubearbeitung wesentliche Unterstützung, wofür hiermit verbindlichster Dank ausgesprochen wird. Die geschichtlichen Angaben bei den Vororten wurden von Herrn Prof. Dr. Welte bereitwilligst zur Verfügung gestellt, wofür demselben hiermit besonders Dank gezollt sei.

In dem vor hundert Jahren, im Jahre 1797 erstmalig erschienen Adreßbuch von Dresden, schließt Gottlob Wolfgang Ferber sein Vorwort mit folgenden Worten: „Jede billige Kritik und gegründete Erinnerung, welche die Vervollkommnung dieses Werkes zur Absicht hat, wird mir jederzeit willkommen seyn, und dankbar von mir benutzt werden, und so werde ich mir äußerst angelegen seyn laßen, dieses Werk immer brauchbar zu erhalten, und ihm so viel Vollständigkeit zu geben, als sich nur immer thun läßt."

Auch der jetzige Herausgeber des Adreßbuches ist von gleichem Geiste durchdrungen und wird jede billige Kritik, jeden Hinweis auf etwaige Irrthümer, jeden Verbesserungsvorschlag dankbar entgegennehmen.

Dresden, im Januar 1897
Der Herausgeber

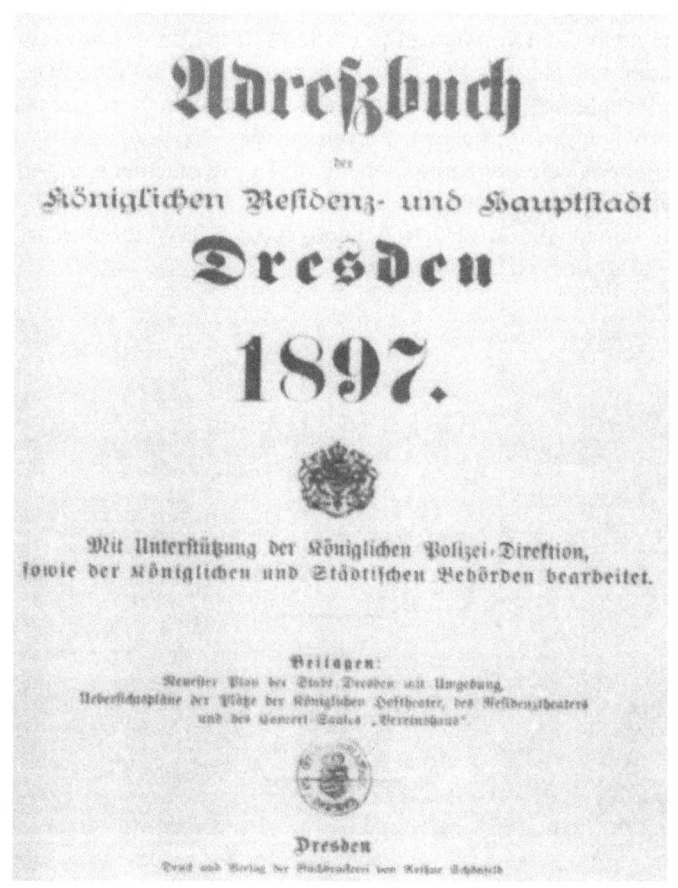

2. Die Adressbücher Dresdens von 1738/1740

Die Anfänge der *Adressbücher für Dresden* kann man auf das Jahr 1738 datieren (manche Quellen sehen dieses allerdings noch als Vorläufer und nennen das von 1797 als erstes Adressbuch), wenn wir die Adressbücher so definieren, dass darin Namen, Vornamen, Titel bzw. Stand, Beruf/Tätigkeit, aber auch die Wohnadressen in Dresden angegeben sind. Im Titelblatt wird zwar der Begriff „Adreßbuch" noch nicht verwendet (> erstmals 1804), aber Namen und Wohnadressen finden wir hierin schon. Das Anliegen und der Inhalt sowie die offensichtlichen *Probleme*, die es mit diesen Adressbüchern parallel zu den „Hofkalendern" gab, kann man am besten aus den sog. „Vorreden" des Autors bzw. Herausgebers/Verlegers erkennen. Für das 1738 erschienene *Adressbuch* gab es bereits 1729 eine „erste Auflage", die aber dann erst 1738 als zweite Auflage den damaligen Ansprüchen genügte und 1740 nochmals mit einer 3. Auflage ergänzt und verbessert wurde:

Vorwort zur zweiten Auflage 1738   Deckblatt des „Adreßbuch 1740"

Mit der ersten Ausgabe dieses *Adressbuches* gab es offensichtlich Probleme, im Besonderen mit der Reihenfolge der Namen, die ja üblicherweise in der damals festgelegten *Rangfolge* angelegt war, also nach Stand und Titel, aber in diesem Buch für das schnelle Auffinden nicht sinnvoll war, denn in einem „solchen Findbuch" war dies natürlich nur in alphabetischer Namensfolge zu erreichen. Dabei ergab es sich aber, dass eben ein *Barbier A* vor dem *Kammerherrn B* stand, was dann auch als *großes Problem* in der Vorrede des Autors so beschrieben wird, und für dessen „Vergehen" er sich da praktisch entschuldigt.

In dem Adressbuch mit dem Titel *Das jetzt lebende Königliche Dresden im Gebiet Meißen 1738* sind dann insgesamt **1.872 Namen** mit Wohnadressen erfasst, die allerdings im Verhältnis zur **Einwohnerzahl** des damaligen Dresden von **53.312** (errechnet) doch recht gering waren (3,5 %). Aber wie man in der „Vorrede" des Originals nachlesen kann, hat der Autor ja nur die „wichtigsten" Personen ausgewählt. In der dritten Ausgabe von **1740** waren es schon **2.168 Namen** bei einer Einwohnerzahl von **54.508**.

Auszug als Abschrift vom „Original" des sog. „ersten Adressbuches", auch wenn der Name „Adreßbuch" im Deckblatt vom Autor noch nicht verwendet wird:

„Das ietztlebende Königliche Dresden in Meißen,

Vorstellende Den im Jahre befindlichen und darinnen sich würklich wohnhafft aufhaltenden Resp. Königl. und Churftl. Hof-Regierungs- Militair-, Hauß- Kirchen- und Privat-Etaat. Andere nach Alphabetischer Ordnung verbesserte Auflage. Dresden, zu finden bey Christian Robringen unterm Rathhause. (1738)

Vorrede – Nach Standes-Gebühr.

Hochverehrtester und respective Höchst-geneigtester Leser! Es erscheint allhier die Andere Auflage von dem Anno 1729 zum ersten mahl editirten ietztleben-den Königlichen Dreßden in Meißen, ob zwar in einer gantz andern verbesserten Gestalt und Format, in dem alles nach Alphabetischer Ordnung eingerichtet wor-den. Man siehet in diesen Bogen kürtzlich und gleichsam nur in einer Sciographie die meisten Personen, und zwar mehr als 2000 an der Zahl, [hier sind einige doppelt aufgeführte Namen mit eingerechnet, tatsächlich sind es 1.872 Pers]

die sich in dieser Königl. und Churf. Residentz Dreßden, als in einer derer Welt-berühmtesten Städten gegenwärtig von Hof-, Regierungs-, Militair-, Hauß,- Kir-chen- und Privat-Etat anietzo aufhalten. So wohl den Weidemannischen jährl. Edirenden Sächß. Hof- u. Etaats-Calender, als den in Chemnitz gedruckten Volckischen Genealogischen großen Titular-Buch hat man hierinnen in keinem Stück zunahe getreten, indem in diesem beyden Piecen der gesamte Königl. u. Churfl. Etaat in unseren Piece [Stück, Ausgabe] *aber nur dasjenige, was sich würcklich davon in dieser Stadt befindet und aufhält, anzutreffen. Man siehet hier von denen Personen nicht die vollen Titulaturen, sondern nur die bloßen Nahmen und deren vornehmsten Function Benennung, nebst deren Logis und Wohnung.*
[der Autor hat da so seine Probleme, die meist vielen Titel wegzulassen bzw. einzuschränken]

Alle und jede hiesige Einwohner, Künstler und Handwercker einzubringen, würde sowohl zu langweilig gefallen seyn, als auch die Etaats-Raison nicht zulas-sen.

Der geneigte Leser genüge sich nur an denjenigen, daß man aus allen Colle-giis die Herren Räthe, Secretarien und andere Subalternen findet, bey denen man sich in sollicitiren und Vorträgen adressiren kann, und ist in dieser Edition durch Beysetzung derer Wohnungen nur lediglich auf die Fremden gesehen worden, damit selbige nicht lange in der Stadt Anfrage halten, sondern sogleich den Weg zu solchen Personen ohne Weitläuffigkeit finden können, was die Colligirung [Hauptzweck war also u. a., den Fremden bzw. auswärtigen Besuchern der Resi-denzstadt mit diesem Buch zu helfen, die gesuchten Personen bzw. Behörden möglichst schnell zu finden] *dieser Qvartiere vor Mühe und Arbeit erfordert, wer-den diejenigen, so dergleichen Dinge gesamlet, am besten verstehen. Gleichwie nun in der gantzen Welt nichts vollkommen, also gehet es auch diesen ietztleben-den Dreßden; denn ob man schon, so viel es nur möglich gewesen, allen Fleiß und Accuratesse* [Genauigkeit] *angewendet, so ist es doch ohnmöglich, daß nicht sehr viele Irrthümer mit untergelauffen, welchen in den folgenden Editionen, so ferne Gott Leben und Gesundheit verleihet, bestmöglichst abgeholffen werden soll.*

Von Gelehrten und Künstlern auch denen Ober-Ältesten derer Handwercker sind, in der Alphabetischen Ordnung mit inseriret. Sollten Personen von Condition, Gelehrte, Künstler u.s.w. gar weggeblieben seyn, so protestiret man feyerligst, daß es nicht mit Willen oder aus Privat-Affecten geschehen, sondern es nur der Unwissenheit zuzuschreiben, es ist auch der Verleger erböthig, bey bescheidener baldiger Erinnerung, alles was er noch davon in Erfahrung bringet, durch ein Supplement dieser Piece schleunigts beyzufügen, und darff nur die Notification

24

davon unters Rathhauß bey den Buchb. Christian Robringen abgegeben werden. Das gantze Werckgen ist in 3. Cap. eingetheilet:

Im ersten Cap. sind die Hohen Aller- u. Durchlauchtigsten Königl. Landesherrschaften mit Ihren Geburths-Jahren und Tagen zu finden; Im anderen Cap. sind alle hohe Ministri, Cavalliers, Räthe und deren Subalternen, Gelehrte und Künstler, ohne Unterscheid nach Alphabetischer Ordnung mit ihren Wohnungen anzutreffen, welches hoffentl. Niemanden präjudicirlich scheinen wird, sintemahlen dieser Tractat keine Rang- und Hof-Ordnung, sondern gleichsam ein Lexicon Viventium Dresdense ist; Im 3ten Cap. sind die Collegia, wo solche anzutreffen, zum Nutz derer hier zu verrichten hebenden Frembden ebenfalls nach den a, b, c, rangiret zu sehen; Die künfftigen Besitzere und Liebhabere dieser Bogen werden wohl thun, wenn solche ihre Exemplaria mit weissen Pappier durchschiessen lassen, und was Ihnen sonst zu suppliren vorfället, annotiren, um dieser Ursach willen hat man auch den Octav-Format im Druck beliebet. Und da auch auf dieses Jahr ein curieuser Dreßdner Hand- u. Schreibe-Calender in eben dergl. Octav-Format das Tage-Licht erblicket, so können die Liebhaber solchen gar nutzbar an dieses ietztlebende Dreßden mit binden lassen, wie nicht weniger den jenigen vor Reisende sonderlich nöthigen Tractat, welcher den Titul: Dreßdnische Adresse führet, und in allhier im Mohrenthalischen Laden zu bekommen, worinnen man alles, was nur in Dreßden merckwürdiges zu betrachten ist, nebst einem Anhange von denen berühmtesten Gast-Häusern, kürtzlich Angewiesen lieset, es kostet solche nicht mehr als 1.gr. Da endlich schlüßlich der Menschen Glück und Lebens-Wandel alle Augenblick der Veränderung unterworffen, wie sich denn schon verschiedenes, da dieser Tractat unter der Preße, der Mutation gewidmet, so wird man (wie oben versprochen) in einem Nachtrag oder Supplement, es, so viel nur möglich, emendiren. Womit man diese Präfation endiget, und sich dem nach Standes-Gebühr Hochgeehrtesten und resp. höchstgeneigtesten Leser zu aller Gewogenheit empfiehlet.

Geschrieben am 18. Martii 1738. "

Für das Lesen und Verstehen dieser *alten Texte* ist es auch hier hilfreich, in den zahlreichen Lexika die gesuchten Begriffe im Internet einzusehen, um damit ihre zeitgemäße Bedeutung nachzulesen.[3]

Ein Inhaltsverzeichnis ist nicht enthalten, aber das *Buch* ist wie folgt in die *Kapitel* gegliedert:
- ➢ Vorrede
- ➢ Caput I. Das 1738. In Dreßden lebende Königl. und .../ Einwohnerverzeichnis
- ➢ Caput II. der im 1738sten Jahre ... 3/
- ➢ Caput III. von denen Hohen und Niedern Collegiis 102/ Einwohnerverzeichnis
- ➢ Anhang. Einiger zu dem andern ... 104

Beide „Originale" sind durch die SLUB digitalisiert und online einsehbar. Sie sind auch für GenWiki abgeschrieben und in deren Datenbank enthalten, damit nach Namen, Vorname, Beruf und Straße *abfragbar* (Anlage 1).

Eine analoge fast identische „Vorrede" ist dann auch in der dritten Ausgabe für das Jahr 1740 enthalten. Bemerkenswert ist in den Vorbemerkungen die Aussage, dass Handwerker, außer den Ober-Ältesten, und andere „niedere Stände", hier bewusst nicht enthalten sind und damit auch die geringe Anzahl von 3,5 % der Einwohner zu erklären ist. In späteren Adressbüchern findet man dann meist ca. 15 % der Einwohner (d. h. außer Kindern und „nichtselbständigen" Einwohnern wie Untermieter udgl.), wobei allerdings 1899 bereits 27 % im Adressbuch enthalten sind, was auch mit der Erhöhung der Anzahl der Wohnungen insgesamt zusammenhängt [Reduzierung der Untermiet-Verhältnisse].

Beim Studium der Geschichte Dresdens treffen wir immer wieder auf viele Namen die das historische Geschehen wesentlich mit beeinflusst haben. Diese sind auch in den > **Adressbüchern** < zu finden, was oft andere Angaben ergänzt und bestätigt, z. B.:

| 1738 | > Graf H. von **Brühl** schon maßgeblicher Ratgeber, später ab 1746 Premierminister |

| 1738 | > Erasmus Leopold von **Gerßdorf**, Vice-Cantzler große Schießgasse bey der Frau Ober-Hofrichtern Bennigsin |

| 1738 | > Rudolph Heinrich von **Neidschütz**, General Major Zahnsgasse im Raffischen Hause |

Um zur damaligen Zeit überhaupt Bücher, insbes. „Namensbücher" drucken und herausgeben zu dürfen, waren entsprechende *Voraussetzungen* und Genehmigungen erforderlich. Siehe hierzu:

> Quelle: **Dresdner Geschichtsblätter 1917 Nr. 2 S. 43-45**[6)]

„Zur älteren Geschichte des Königl. Sächs. Privat Adreß - Comptoirs und des Dresdner Anzeigers" von Georg Hermann Müller

Als der erste Besitzer des unter dem 19. September 1730 privilegierten „Dresdnischen Wöchentlichen Hodosophe oder Anzeigers der Buchhändler Hilscher", im Anfang des Jahres 1749 gestorben war, bewarb sich der Hoffaktor Siegmund Ehrenfried Richter am 25. Jan. 1749 um die Königl. Churf. Sächs. Erlaubnis, in Dresden ein „Adreß-Comptoir zu errichten und in selbigem auf Art derer bekannten und beliebten Ludewigschen wöchentlichen Nachricht, das Dreßdnische Intellegenz-Wesen betreffend nebst einer gelehrten Abhandlung zum öffentlichen Verkauf auszugeben". Er begründet den Antrag mit dem „besonderen Vorteil des gemeinen Wesens" und der „Beförderung des Commercii", wozu „öffentliche Frag- und Anzeigungs-Nachrichten oder sog. Intellegenz-Blätter dienten". Er bittet nicht nur um die Konzession zur Errichtung des Adreß-Comptoirs, sondern zugleich um ein allergnädigstes Privilegium über diese zu edirenden wöchentlichen Nachrichten. Im Bewilligungsreskript vom 30. Mai dieses Jahres – es ist an den Rat der Stadt gerichtet – wird die Konzession zu „Druck- und Verkauffung wöchentlicher Frag- und Anzeige-Blätter ... vorbehaltlich der Praecuationes und jedesmaliger Zensur" erteilt. Am 7. Juni wurde das Reskript Richter publiziert und er danach beschieden. So konnte er am 13. Juni ein öffentliches Avertissement im Druck ausgeben lassen, in dessen Anfange er sagt:

Nachdem Se. Königl. Maj. in Pohlen und Churf. Durchl. Zu Sachsen auf mein ... Ansuchen um ... Erlaubnis zu Anlegung eines Adreß-Comptoirs und Ausgebung öffentlicher Frag- und Anzeige-Nachrichten ... mir die allergnädigste Speicial-Concession zu Druck- und Verkauffung dergleichen Frag- und Anzeigeblätter ... zu ertheilen geruht haben ...

... wolle er am 14. d. M. im Adreß-Comptoir den „Anfang mit Annehmung derer Frag- und Anzeigen" machen und werde am 1. Juli „den ersten Bogen von diesen ... Intellegenz-Nachrichten" ausgeben.

Mit der Spezial-Konzession der „Frag- und Anzeigen" war also die Konzession des Adreßkomptoirs gegeben, das Fehlen eines besonderen Privilegs darf nicht verwundern, es war ein Privileg. Das Adreß-Comptoir war die Annahme- und Vermittlungsstelle (von 10-12 und 3-5 Uhr) der in den Intellegenz-Nachrichten zu inserierenden Frag- und Anzeigen. Die zu Zeiten weitergehenden Geschäfte

(Bücherverkauf, Verleihung von Musikinstrumenten sogar Materialwarenverkauf) sind später nebenher hinzugekommen und wieder verschwunden. Die Berufe des Buchhändlers und Auktionators wurden noch bis ins 19. JH hinein vom Zeitungsbesitzer gern mit betrieben [26].

Nach Richters Tode am 1. Juni 1762 wurde durch Verfügung vom 23. Juni d. J. seiner Witwe die Konzession übertragen und auf den Fall ihres Todes „das Privelegium, die Frag- und Anzeigen zu drucken" durch eine Resolution vom 17. September 1762 der Gröll-Kennelschen Buchhandlung zugesagt. Diese Buchhandlung wurde von Joh. Gottl. Imm. Breitkopf erworben, und am 30. Sept. 1784 bewarb er sich ebenfalls um das Anrecht auf den Todesfall ... > [siehe Kopie 1917 Nr. 2].

Wie schon erwähnt sind die *Hofkalender* praktisch parallel zu den Adressbüchern erschienen und galten aber eben nicht nur für Dresden, sondern für das gesamte Königreich Sachsen. Trotzdem können wir oft die dort aufgeführten Namen – außer dem Dienstpersonal [meist Untermieter] – in den Dresdner „Adreßbüchern 1738/40" wiederfinden.

3. Die Adressbücher Dresdens von 1797/1799

In den Jahren um 1797-1799 gab es eine ganze Reihe bemerkenswerter Veränderungen in der Geschichte Dresdens, die dann auch in den damaligen „Adreß-Büchern" ihren Niederschlag fanden. So wurde erstmals im Jahre 1787 eine allgemeine Brandversicherung zur Pflicht erhoben, der alle Eigentümer von unbeweglichen Gütern beitreten mussten. Damit war auch gut sichtbar eine Nummerierung der Häuser verbunden. In die vier Stadtviertel A - D untergegliedert, erhielt jedes Haus eine weiße Nummer auf schwarzer Tafel. Im Jahr 1800 zählte man so in Dresden und seinen Vorstädten 2.600 Häuser. Im gleichen Jahr wurde auch ein vorbeugender Gesundheitsschutz eingeführt. Eine erste erfolgreiche Schutzimpfung gegen Kuhpocken in Dresden 1801 führte dann 1805 zu einem diese Impfung empfehlenden Mandat. Im Jahr 1800 wurde auf dem Neustädter Friedhof das erste Leichenhaus nach Hufelands Vorschlag gebaut, um das „Lebendigbegrabenwerden" zu verhindern. Andererseits führte auch die Kenntnis der Revolution von 1789 in Frankreich zu Unruhen in Dresden, wo im Besonderen die „unteren Stände" ihre Unzufriedenheit zum Ausdruck bringen wollten.

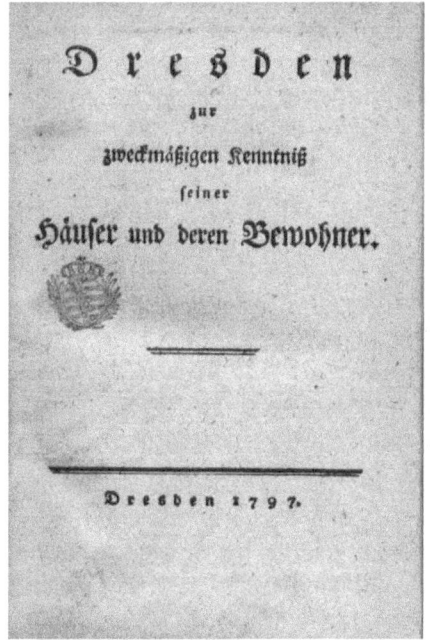
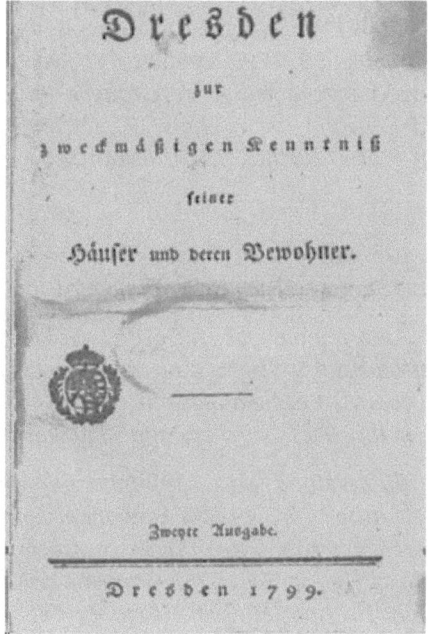

Unter Berücksichtigung dieses historischen Hintergrundes sind dann auch die Angaben in den Adressbüchern zu betrachten. Im Gegensatz zu den Adressbüchern von 1738/1740 kann man die von **1797/99** erstmals als „richtige" **Adressbücher** für die Stadt Dresden ansehen, auch wenn diese ebenfalls im Titel der Deckblätter den Begriff noch nicht enthalten. Vom Umfang und Inhalt aber können diese durchaus als „Erste Adressbücher Dresdens" angesehen werden. Wirklich erstmalig ist in diesen u. a. ein Namens-, Häuser- und Straßen-Register enthalten. Aber auch die Anzahl der Einträge im Verhältnis zur Gesamt-Einwohnerzahl ist hier schon so groß, dass fast jeder fünfte Einwohner im Adressbuch aufgeführt ist. Diese Adressbücher von 1797/1799 sind dann nicht nur vom Umfang mit 716 bzw. 592 Seiten, sondern auch inhaltlich sehr informativ. Ebendieser Umfang und diese Inhalte bei Adressbüchern wurden jedoch leider in den Folgejahren bis Mitte des 19. JH nicht mehr erreicht.

Ein Inhaltsverzeichnis im Original ist nicht vorhanden, aber es gibt dazu die folgende Gliederung, wie sie die *SLUB* und *GenWiki* für 1799 im Internet verwenden:

(SLUB) Inhaltsverzeichnis/ Dresden zur zweckmäßigen Kenntniß seiner Häuser und ... Band 2. 1799 Titelblatt/ Vorwort/ Behördenverzeichnis/ Berufsklassen und Gewerbebetriebe 25/ Volkstabelle vom Jahre 1798 40/ Abkürzungsverzeichnis 41/ Einwohnerverzeichnis/ Verzeichniß auswärtiger Bothen und Landfuhrleute mit ... 506/ Nachtrag 512/ Errata 546.

(GenWiki) Titel: Dresden zur zweckmäßigen Kenntniß seiner Häuser und deren Bewohner. Untertitel: Zweyte Ausgabe

Autor/Herausgeber: Gottlob Wolfgang Ferber, geh. Kanzlist (gr. Klostergasse 9 [Neustadt A-9]), im 4ten Stock. Erscheinungsort: Dresden (Druck bei Gerlach in Freyberg). Erscheinungsjahr: 1799; Inhalt: Vorerinnerung (pp.7-8) Rathskollegium (pp. 9-21). Kirchen- und Schulwesen (pp.21-27).

Bürgerstand (pp.27-32). Innungen (pp. 33-47). Volkstabelle 1798 (p. 48). Abbreviaturen (pp. 49-52). Einwohnerverzeichnis [ohne Titel] (pp. 53-539). Botenverzeichnis (pp. 540-545). Nachtrag nach bereits gedruckten Bogen – Umzüge, Todesfälle, (pp. 546-576). Garnison der drey Feldbataillons (pp. 577-580). Berichtigungen (pp. 580-586). Umfang: 586 Seiten. Enthaltene Orte: Dresden & Vorstädte. Bearbeiter: Kontakt: siegfried.may@kabelmail.de. Datensätze: 9.589.

Ein Stadtplan für die Jahre 1797 bis 1800 ist nicht vorhanden. Man kann sich da nur an den aus dem Jahre von 1755 [als Reprint] orientieren oder in der *Deutsche Fotothek* der SLUB Dresden nach einer Karte dieser Zeit schauen bzw. diese dort bestellen >

http://www.deutschefotothek.de/ Beispiel für **1813 und 1810**:

Beschreibung: Dresdener Wegweiser oder neuentworfener Grundriß von Dresden sammt Neben- und Vorstaedten, 1813. (ca. 1:6 750). 54,2 x 43,8 cm (Kupferstich). Verwalter: Sächsische Landesbibliothek, Staats- und Universitäts-bibliothek Dresden, Inv.-Nr.: SLUB/KS 2329; Aufnahme-Nr.: df_dk_0000036; Datensatz-Nr.: obj 70400031. >Bild: Stadtplan 1810 (Ausschnitt).

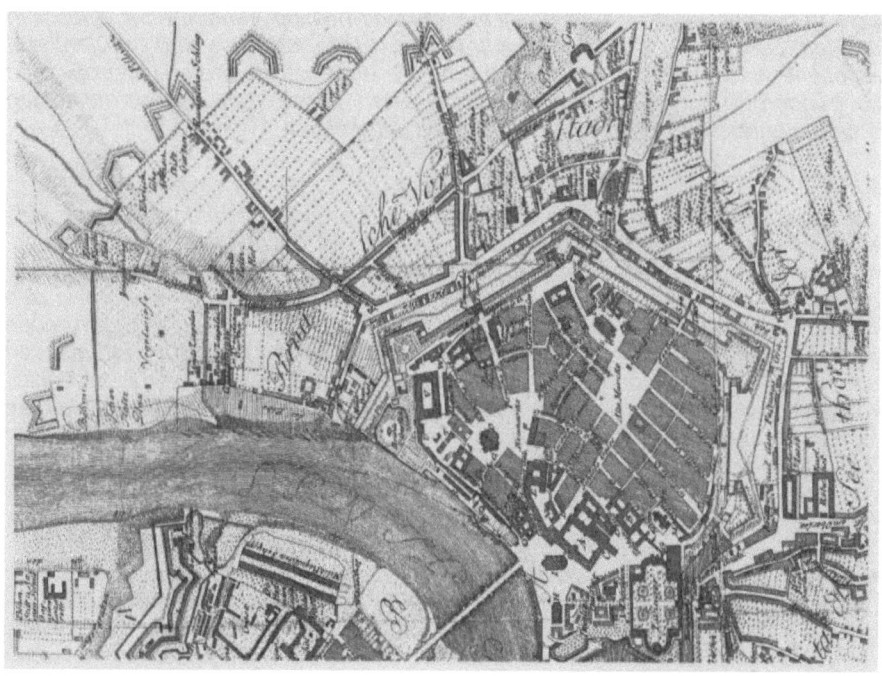

Statistische Angaben 1797 - 1799:

1797: ca. 54.991 Einwohner; **Einträge 8.241**, das entspricht ca. 14 % d. Einw.

1799: ca. 54.991 Einwohner, **Einträge 9.589**, das entspricht ca. 16 % d. Einw.

In seinem *Vorerinnerungen* hat der Autor auch die Besonderheiten in der Form festgestellt, dass in diesen erstmalig die Bürger der Stadt, die Innungen der Handwerker und nicht der Hofstaat im Mittelpunkt stehen. Dazu das zeitgemäße Vorwort des Autors zum Adressbuch 1797 bzw. 1799 wie folgt:

Vorerinnerung 1797:

Der Wunsch vieler hiesigen Einwohner und hierher kommenden Fremden, ein Buch zu haben, welches eine zweckmäßige und richtige Kenntniß der Häuser in der Stadt Dresden, und deren Bewohner verschaffte, um viele und größtentheils vergebene Nachfragen zu vermeiden, und sie ohne dergleichen Schwierigkeiten leicht finden zu können, veranlaßte mich, einen Versuch zu wagen, denselben durch gegenwärtiges Werk einigermaßen zu befriedigen.

Ich habe mich daher der zuverläßigsten und besten Hilfsmitteln bedient, hielt es jedoch für zweckmäßig, von der Einrichtung des Brandkatasters abzugehen, und mich nicht so pünktlich an die Ordnungsfolge der Hausnummern zu binden, sondern die Gassen und Straßen, und in jeder derselben, so wie auch an den öffentlichen Plätzen die Häuser, wie jene und diese in der Ordnung liegen, eben so nach einander folgen zu laßen, die Bewohner, welche vorzüglich interessiren können, auszuwählen, und deren Namen in alphabetischer Ordnung aufzuführen, um dadurch das Nachschlagen zu erleichtern. Diesem habe ich noch, zur kurzen Uebersicht der bürgerlichen Stadtverfassung ein richtiges Verzeichniß des Rathskollegiums nebst allem, was dazu gehörig, auch des Kirchen- u. Schulwesens, ferner des Bürgerstandes und der Schützengesellschaften, imgleichen alphabetische Verzeichnisse der hiesigen löblichen Innungen, der Apotheken, Comptoirs, Gewölbe, Läden und Niederlagen, der Künstler, Fabrikanten und Derjenigen, welche keine Innung haben, der hiesigen Agenten, welche allein mit Agenturen sich beschäftigen, der bekanntesten Hotels und Gasthöfe, Speisehäuser und Weinschänken, der auswärtigen Fabrikanten und Kaufleute, welche die hiesigen Jahrmärkte besuchen und Gewölbe und Niederlagen haben, der bekanntesten auswärtigen Bothen und Landfuhrleute, welche wöchentlich hierher kommen und wieder zurückgehen, ferner ein Verzeichniß der Hausnummern, wie sie aufeinander folgen, nebst einer Anzeige, wo sie zu finden sind, hiernächst auch Berichtigungen einiger bemerkten, hier und da sich eingeschlichenen Fehler, und während des Drucks dieses Werkes erfolgten Veränderungen, und zuletzt ein vollständiges Sach- und Namensregister hinzugefügt.

Geneigte Nachsicht wegen der hier und da sich etwa noch zu findenden, und beym ersten Erscheinen eines solchen Werkes unvermeidlichen Mängel und Unvollständigkeiten darf ich wohl von einem einsichtsvollen und billig denkenden Publikum um so mehr hoffen, da die mannichfaltigen Schwierigkeiten, und mühsamen Arbeiten, welche ein solches Unternehmen allerdings hat, und erfordert, mehr als zu bekannt sind.

Jede billige Kritik und gegründete Erinnerung, welche die Vollkommenheit dieses Werkes zur Absicht hat, wird mir jederzeit willkommen seyn und dankbar von mir benutzt werden, und so werde ich mir äußerst angelegen seyn lassen, dieses Werk immer brauchbar zu erhalten, und ihm so viel Vollständigkeit zu geben, als sich nur immer thun läßt.

Da das Werk zwey Alphabet stark ist, so wird man den Preis eines brochireten Exemplars zu 1.Thlr. und eines rohen zu 22.Gl. bilig, und nicht zu theuer finden. Exemplare um diese Preise sind in der kurfürstlichen Zeitungsexpedition zu Leipzig, und in Dresden im privilegirten Adreßcomptoir, wie auch beym Herrn Kandidat, Ferber, in der Morizstraße Nr. 758. 3 Treppen hoch, und bey Endesunterschriebenen, dem Verfasser, in Neustadt in der großen Klostergasse A. Nr. 9. Im vierten Stock zu haben.

Dresden, im Monat May 1797. Gottlob Wolfgang Ferber.

Vorerinnerung 1799:

Diese durch verschiedene unvorhergesehene Hindernisse verzögerte erste Fortsetzung, oder zweyte Ausgabe ist, nach dem Wunsche sehr Vieler bloß in alphabetischer Ordnung, hier und da mit Hinweisung auf die erste Ausgabe, abgefaßt, durch Aufnahme mehrerer interessanter Personen ansehnlich vermehrt, *jedoch an Bogenzahl etwas schwächer, als die erste, und auch ohne Verbindung mit derselben für sich allein vollständig.*

Auch habe ich ein richtiges Verzeichniß des Rathskollegiums, nebst allem, was dazu gehörig, des Kirchen- undSchulwesens, ferner des Bürgerstandes, wo auch die Gerichtspersonen bey den Amtsgemeinden dießmal mitaufgeführt sind, imgleichen ein alphabetisches Verzeichniß der hiesigen löblichen Innungen, und eine Tabelle von derhiesigen Volksmenge, nach richtigen Angaben, dem Werke vorgesetzt, am Ende desselben auch ein Verzeichniß der auswärtigen Bothen und Landfuhrleute, welche wöchentlich hierher kommen, und zurückgehen, und zuletzt einen Nachtrag von den während des Drucks erfolgten Veränderungen, so wie von der diesjährigen Garnison der drey Feldbataillons hinzugefügt. Eine Erklärung der im Werke vorkommenden Abkürzung einiger Wörter findet man ebenfalls angegeben. Die Erscheinung dieser zweyten Ausgabe war anfangs früher, und also vor Ostern dieses Jahres bestimmt, und daher sind bey verschiedenen Personen die mir damals gefälligst mitgetheilten, nun vorgefallenen Veränderungen der Wohnungen zugleich bemerkt worden. Das beygesetzte Wort: Ostern, zeigt also, daß die Personen nach Ostern nun mehr in dem daselbst im Voraus angemerkten Hause wohnen.

Da dieses Werk von Zeit zu Zeit einer Fortsetzung bedarf, wenn es an Brauchbarkeit nicht verlieren soll, so werde ich dasselbe alljährlich fortsetzen. Der Preis eines unbrochirten Exemplares von dieser zweyten Ausgabe ist 16. Gr. und eines brochirten 18. Gr.

Für die nächsten Jahre sind in dieser Form und diesem Inhalt keine analogen Bücher vorhanden. Im Jahre 1804 findet man zwar erstmalig ein „Adreß-Verzeichnis" mit einem Umfang von 50 Blatt, aber dieses beginnt dann auch wieder mit dem Hofstaat und erreicht weder vom Umfang und Inhalt die „Adreß-Bücher bzw. -Kalender oder -Verzeichnisse" der Jahre 1797/99.

Exemplare für diese Preise sind in Dresden beym Hrn. Advokat Ferber, in der Morizstraße Nr.758. 3. Treppen hoch, im privilegirten Adreßcomptoir, im Museum, am alten Markte Nr. 7. 2. Treppen hoch, in den Buchhandlungen, und beym Verfasser in Neustadt in der großen Klostergasse A. N.9. im 4ten Stocke, in Freyberg beym Buchdrucker, Hrn. Gerlach, und in Leipzig im privilegirten Intelligenzcomptoir, so wie auch an allen diesen Orten noch Exemplare von der ersten Ausgabe unbrochirt zu 22. Gr., und brochirt zu 1. Thlr. zu haben; wendet man sich aber an den Hrn. Advokat Ferber, oder an den Verfasser selbst, und nimmt beyde Ausgaben zusammen, so erhält man beide unbrochirt für 1. Thlr. 8. Gr. und brochirt für 1. Thlr. 12. Gr. –

Dresden im Monat Junnius 1799. Der Verfasser

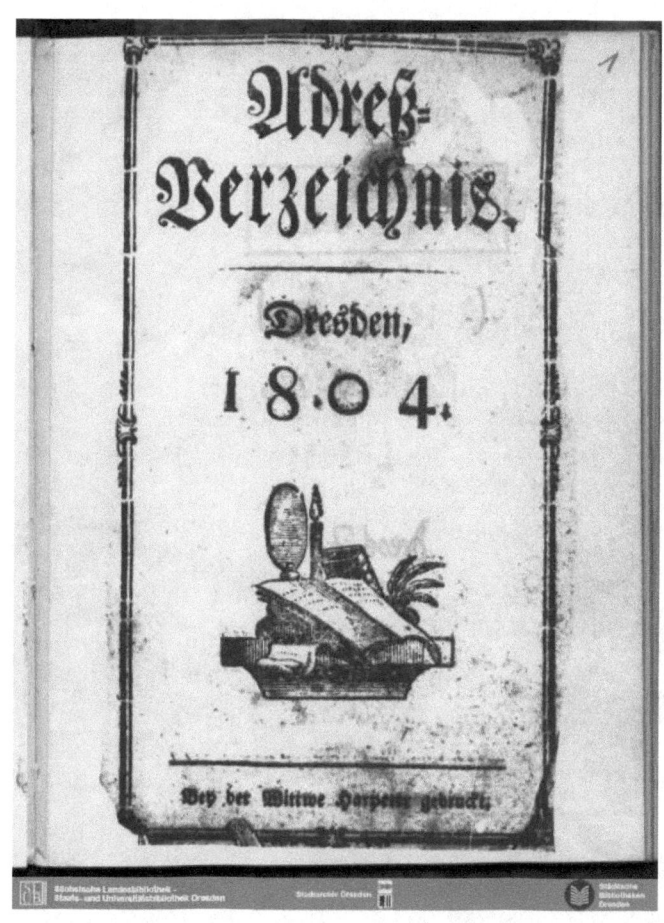

A.

Aar. Ada.

Fr. **Aaron**, Judith, Hofagentens W., D. Zahg. N. 75., hat die Wechselstube gr. Frg. N. 396.

Hr. **Abel**, Joh. Aug., Schdmst., Nst. Br. G. N. 196.

– **Abicht**, Karl Traug., Gasthalt. im Thiermannischen Hofe, Nst. Ränitzg. N. 78., hält Billard u. Table d'hote für Einheimische und Fremde, auch Donnerstags vollstimmiges Konzert.

– **Abendroth**, Joh. George Glieb., Provisor i. d. Löwenapotheke, D. Willsd. G. N. 194.

– **Abt**, Joh. Fdr. Lebr., K. d. N., P. Vst. Zgelg. N. 54.

– **Abt**, Joh. Wilh., Kasster beym Friedrichstädt. Realschulinstit., Fdrst. Grießn. Str. N. 92.

– **Abt**, Joh. Nik., Mehlhdl., D. Lchg. N. 437., B. d. H.

Accoucheur, Amts, s. Hr. Lorenz.

Accoucheur, Raths, s. Hr. Albert.

Hr. **Achilles**, D., Joh. Fdr., prakt. Arzt, D. Schloßg. N. 249.

– **Acier**, Mich. Victor, Modellmst. D. Augstr. N. 574.

– **Ackermann**, Joh. Fdr., Steuersek., D. Sg. N. 109.

Fr. **Ackermann**, Sophie, Hofkellermeisters Wittwe, D. gr. Schießg. N. 719.

Hr. **Ackermann**, Chstn. Adolph, Drechslermst., D. Willsd. G. N. 213.

Jfr. **Adam**, Ros. Elis., D. gr. Schßg. N. 707., B. d. H.

Hr. **Adam**, Andreas, Leihhausvicebuchhalter, Nst. Kohlmarkt N. 17.

– **Adam**, Joh. Gottfrd. Benjam., Steinschneider, Frbrst. Weißerlzkr. N. 56., B. d. H.

– **Adam**, Joh. Ghelf., Schndmst., D. Wbg. N. 143.

– **Adam**, Joh. Chn., Schumstr., P. Vst. L. G. N. 288.

– **Adam**, Chn., Tischlmst., Nst. Pfg. N. 80., B. d. H.

A Hr.

Auszug Adressbuch 1799 Dresden > Namensverzeichnis [SLUB Nr. 53-54]

Aar. - Ada. Hier als Abschrift > Exel-Auszug > Zuarbeit für GenWiki

> Seite 1 [Digitalisat Nr.53]

Aaron	Judith	Hofagentens Wittwe	Zahnsgasse 75

hat die Wechselstube große Frauengasse 396.

Abel	Joh. August	Schneidermeister	Breitegase 196.

Abicht	Karl Traug.	Gasthalter	Ränitzgasse 78

hält Billard u. Table d'hote für Einheimische und Fremde, auch Donnerstags vollst. Konzert.

Abendroth	Joh. George Glieb.	Provisor i.d. Löwenapotheke	Willßdrufferg. 194

Abt	Joh. Frdr. Leber.	K. d. N.	Ziegelgasse 54

Abt	Joh. Wilhelm	Kassirer b. Frdtädt.Realschinst.	Prießnitzerstraße 92

Abt	Joh. Nikolaus	Mehlhändler, Hausbesitzer	Lochgasse 437

Achilles	Joh. Fdr.,	D. prakt. Arzt	Schloßgasse 249

Acier	Mich. Victor	Modellmeister	Augustusstraße 574

Ackermann	Joh. Friedrich	Steuersekretär	Seegasse 109

Ackermann	Sophie	Hofkellermeisters Wittwe	gr. Schießgasse 213

Ackermann	Chstn. Adolph	Drechslermeister	Willßd. Gasse 213

Adam	Karl Gottlieb	Gold- und Silberdr., Hausb.	Gr. Plauische G. 475
Adam	Rosina Elisabeth	Hausbesitzerinn, Jgfr.	Gr. Schießgasse 707
Adam	Andreas	Leihhausvicebuchhalter	Kohlmarkt 17
Adam	Johann Christian	Schumachermeister	Lange Gasse 288
Adam	Christian	Tischlermeister, Hausbesitzer	Pfarrgasse 80

....

➤ Seite 2: [Digitalisat Nr.54]

Adam	Johann Gotthelf	Schneidermeister	Webergasse 143
Adam	Joh.Gttfd. Benjm.	Steinschneider, Hausbesitzer	Weißeritzstraße 56

etc.

Zuarbeit Exel ins **GenWiki** >> Datenbank ***Adressbuch Dresden 1799*** Aa bis Ad. http://adressbuecher.genealogy.net/entry/book/357

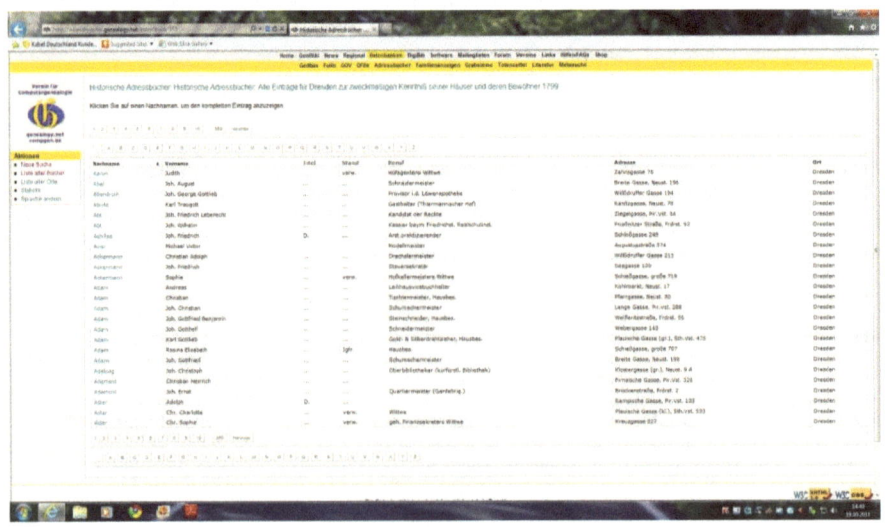

http://adressbuecher.genealogy.net/entry/book/357?offset=25&max=25&sort=lastname
&order=asc

4. Das Adressbuch Dresdens für das Jahr 1831

Die Zeit um 1830 ist von zahlreichen Unruhen unter der Bevölkerung, aber auch durch erste Veränderungen im gesellschaftlichen und wirtschaftlichen Leben Dresdens gekennzeichnet.

So wurden z. B. die Feierlichkeiten zum 300. Jahrestages der **Augsburger Konfession von 1530** genutzt, um der allgemeinen Unzufriedenheit der Bevölkerung gegen das Festhalten an veralteten staatlichen und städtischen Strukturen Ausdruck zu verleihen.

Diese Unruhen wurden aber noch durch das Eingreifen der Polizei einigermaßen beherrscht.

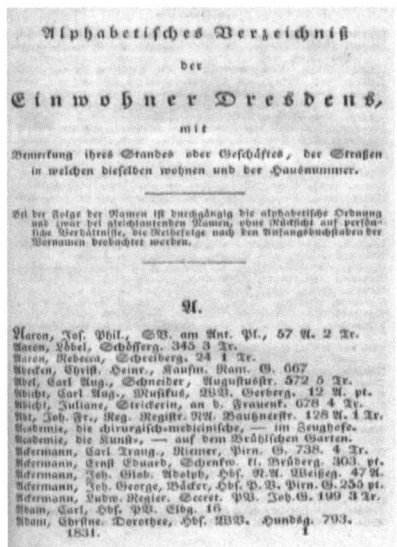

Auf Initiative liberaler Kräfte am Hofe wurde der beliebte Prinz Friedrich August 1830 vom König zum Mitregenten ernannt [> Friedrich August II., 1836-1854]. Gleichzeitig wurde auch der konservative Kabinettsminister **von Einsiedel** gegen den liberalgesinnten Geheimen Rat **Bernhard August von Lindenau** ausgetauscht. Aber auch die Forderungen nach Veränderung der Landesverfassung wurden immer lauter. So tritt am 4. September 1831 eine neue Verfassung in Kraft. Damit waren erstmals bürgerliche Freiheiten verfassungsmäßig garantiert. Beim Landtag liegt nun das alleinige Recht zur Gesetzgebung. Somit ist das Prinzip der Gewaltenteilung verwirklicht.

Details dazu auch im Buch „Anektoden aus 800 Jahre Dresden" S. 112-115.[15]

Wie wir an dem nachstehenden Inhaltsverzeichnis des Adressbuches Dresdens für das Jahr 1831 erkennen können, wird nunmehr auch wieder ein *Alphabetisches Verzeichnis der Einwohner Dresdens* dem Königlichen Hofstaat vorangestellt.

„Inhalt" *[1831]*

41

Alphabetisches Verzeichnis der Einwohner Dresdens mit Bemerkung ihres Standes oder Geschäftes, der Straßen in welchen dieselben wohnen und der Hausnummern

Bei der Folge der Namen ist durchgängig die alphabetische Ordnung und zwar bei gleichlautenden Namen, ohne Rücksicht auf persönliche Verhältnisse, die Reihenfolge nach den Anfangsbuchstaben der Vornamen beobachtet worden:

44

Aaron, Jos. Phil., SV. Am Ant. Pl., 57 A. 2 Tr.

Aaron, Löbel, Schösserg., 345 3 Tr.

Aaron, Rebecca, Schreiberg. 24 1Tr.

Abecken, Christ. Heinr., Kaufm. Ram. G. 667

Abel, Carl Aug., Schneider, Augustusstr. 572 5 Tr.

Abicht, Carl Aug., Musikus, WV. Gerberg. 12 A. pt.

Abicht, Juliane, Strickerin, an d. Frauenk. 678 4 Tr-

Abt, Joh. Fr., Reg. Registr. NA. Bautznerstr. 128 A. 1 Tr.

[weiter auf Blatt 17 der Digitalisate der „SLUB > Bilder"]

Zum Vergleich hier das Inhaltsverzeichnis des *Hofkalender 1832* [für 1831 gibt es keinen Hofkalender] aus dem die wesentlichen Unterschiede zum *Adressbuchs 1831* zu erkennen sind.

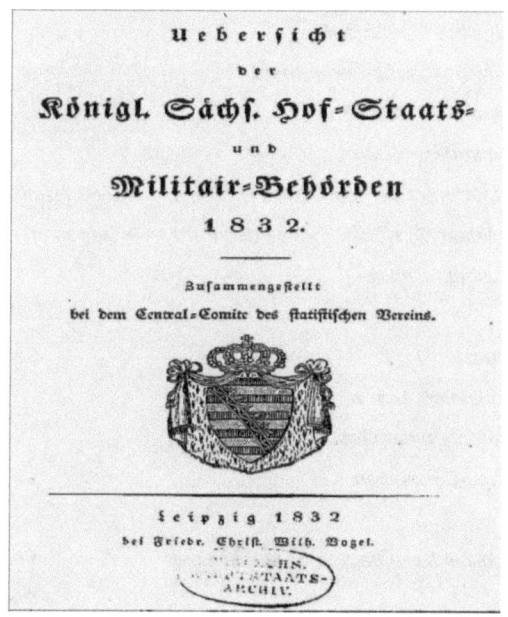

Uebersicht der Königl. Sächs. Hof-Staats und Militair-Behörden 1832

Inhalt

Postwesen:

    Oberpostamt zu Leipzig

Salzregier:

    Salzverwaltereien

    Straßen-, Ufer- und Landbauwesen:

    Der Straßenbau-Commissar

    Straßenau-Commissionen

    Chausseebau-Commissionen

    Der Wasserbau-Director

    Uferbau-Commissionen

    Landbaumeister

Domainen-Verwaltung:

    Die Oeconomie-Commissar

    Administratoren der nicht verpachteten Kammergüter/Stammschäfereien

    Der Schäferei-Commissar

    Administration der königl. Landkellerei und Weingebirge

Verwaltung der Amtseinkünfte:

    Die Rentämter

Forst- und Jagdwesen:

    Forstakademie

    Forstvermessungs-Anstalt

    Kreisoberforstmeister und Forstmeister

    Forstämter

Floßwesen und Holzverkaufs-Anstalten:

    Oberaufseher, Floßämter und Holzverwaltungen

Berg- und Hüttenwesen:

    Die Berggerichtsbarkeit

    Berg-Hauptmannschaft

    Oberbergamt

    Oberzahnten- und Austheilämter

    Bergämter

Commission wegen der Brandversicherungs-Anstalt

General-Commission wegen der Ablösungen und Gemeinheitsheilungen

General-Commando sämmtlicher Communalgarden

General-Direction der Akademie der bildenden Künste

Königl. Sammlungen in Dresden

Landesbeschelungs-Anstalt

Kriegs-Ministerium   *Seite   50 – 54*

Kriegsgerichts-Collegium.

   Die Militair-Gerichtsbarkeit

Uebrige untergeordnete Behörden und Verwaltungen:

   Commandantschaft der Festung Königstein

   Muster-Inspection

   Cadetten-Corps

   Artillerie-Schule

   Militair-Plankammer

   Hauptzeughaus

   Casernen-Direction zu Dresden

   Militair-Oberbauamt

   Medicinal-Direction

   Kriegszahlamt

   Militair-Pensions-Zahlamt

   Wirthschaftschefs der Regimenter und Parteien

   Garnisions-Hospital zu Dresden

   Militair-Apotheke zu Dresden

   Militair-Vorraths-Anstalt zu Dresden

   Militair-Magazin-Anstalten

   Soldatenkinder-Erziehungs-Anstalt

   Allgemeiner städtischer Einquartierungs-Ausgleichsfonds

Kloster Marienstern

Kloster Marienthal

Militair-Staat   Seite   70 – 71

Chefs der Armee:

Kriegs-Ministerium

General-Commando und Brigade-Stäbe

Gouvernement zu Dresden

Königliche General- und Flügel-Adjudanten

Regimenter und Parteien

5. Das Adressbuch Dresdens für das Jahr 1868

Nachdem auch der *Deutsche Krieg* von 1866 verloren wurde und Preußen als Sieger aus diesem hervorging, kann man deshalb auch im Adressbuch von Dresden 1868 eine verhältnismäßig große Anzahl von preußischen Offizieren und Verwaltungsbeamten in Dresden feststellen. Sachsen hatte sich ja wieder einmal mit Österreich gegen Preußen verbunden. In der Schlacht bei Königgrätz bezwangen aber die Preußen die österreichisch-sächsischen Truppen. Allerdings haben sich diesmal, im Gegensatz zu 1815, für Sachsen daraus keine territorialen Veränderungen ergeben. Wichtigstes Ergebnis für die weitere Entwicklung in Deutschland war der geforderte Beitritt Sachsens zum Norddeutschen Bund. Damit verpflichtete sich Sachsen seine Armee und die Außenpolitik diesem Bund zu unterstellen.

Mit diesem Friedenschluss hat das Königreich Sachsen seine Eigenstaatlichkeit aufgegeben und fügt sich in der Folgezeit in die Einheit Deutschlands unter preußischer Führung ein und leistet somit auch einen wichtigen Beitrag zur

Überwindung der Kleinstaaterei. Trotzdem bewahrt Sachsen weiterhin seine wirtschaftliche und kulturelle Eigenständigkeit.

Erwähnenswert für die weitere politische und wirtschaftliche Entwicklung in der Folgezeit ist die Verabschiedung des neuen Wahlgesetzes vom 3. Dezember 1868. Danach wird in 35 städtischen und 45 ländlichen Wahlkreisen je ein Abgeordneter von allen männlichen Einwohnern ab einem Alter von 25 Jahren gewählt.

Statistik 1868 für Dresden:

Bei **25.064 Einträgen** im Adressbuch bzw. Namen von *selbständigen* Dresdner Einwohnern im Verhältnis der 1868 angegebenen Gesamtbevölkerung von **156.024 Einwohner**, sind damit **16 %** im Adressbuch erfasst. Einen Auszug der Einträge als Muster siehe in der Anlage 2.

Die „selbständigen" Bewohner waren die Mieter der Wohnungen, meist die Ehemänner. Bis Ende des 2. Weltkrieges wurden Ehefrauen (manchmal beim Ehemann ergänzt, falls Geschäftsinhaberin udgl.) ebenso wie Kinder, auch wenn diese schon erwachsen waren; Dienstboten und Untermieter sind nicht eingetragen.

„Inhalts-Verzeichniß 1868"

Vorbemerkungen

1. *Der alphabetische Wohnungsnachweis enthält die darin aufgeführten Personen in lexikalischer Namensfolge mit Angabe des Standes, Titels, der Orden und der Wohnung.*
2. *Sehr häufig vorkommende Namen sind nach dem Alphabet der Standesklassen geordnet, wobei öffentliche Beamte und Diener, Geistliche und Lehrer, Hof-Beamte, Hof-Diener und Militärs ohne weitere Gliederung in Hauptabteilungen zusammengefaßt sind.*

3. *Wittwen, separierte [> geschiedene] Ehefrauen und unverheiratete Töchter sind in diese Standesabtheilungen mit aufgenommen.*
4. *Im Uebrigen folgen gleichlautende Namen alphabetisch nach der Schreibart und dem Anfangsbuchstaben des ersten Vornahmens.*
5. *In dasselbe Alphabet sind auch die Benennungen öffentlicher Gebäude, Anstalten und größerer Gewerbsunternehmungen aufgenommen.*
6. *Erklärung der für die vaterländischen und auswärtigen Orden u. Ehrenzeichen gebrauchten Abkürzungen XVIII-XX.*

Diese vorgenannten Angaben zu den ***Orden und Ehrenzeichen*** wie auch die „Stockwerke" sowie „öffentlichen Gebäude ..." wurden im Adressbuch 1868 wegen der Vergleichbarkeit **nicht** in die **GenWiki Datenbank** aufgenommen.

Die > pdf-Datei *von Google* zu diesem **Adressbuch für 1868** umfasst insgesamt 1.054 Blatt [im Gegensatz zu 1.125 Blatt in der *Übersicht 1897*] einschließlich Einband und einiger Leerseiten. Aus dem detaillierten Inhaltsverzeichnis erkennt man, dass außer dem „Adreßhandbuch" mit dem Namens- und Straßen-Verzeichnis in der Abtheilung I, Abschnitt I, für die Einwohner nach Alphabet und dem Abschnitt II, mit den Bewohnern nach Häusern geordnet, noch viele weitere Angaben gemacht werden, die zum Teil auch die Geschichte der Stadt Dresden ergänzen, so z. B. im Teil II, Abschnitt V, zu den **„Vereinen"**. Aus diesen Angaben im Adressbuch sollen hier noch einige Beispiele mit der „Geschichte der Stadt" verglichen werden.

Vereine in Dresden 1831 bis 1871

KONSTANTIN HERMANN [Quelle: „DRESDNER GESCHICHTSBUCH 13" Auszüge von S. 76-86]

VEREINE waren eines der prägenden politischen Elemente des 19. Jahrhunderts. Bürger und Arbeiter schlossen sich in ihnen zusammen, um abseits von Landtag und Stadtrat Einfluss auf die Politik zu nehmen. Dabei fielen die Vereine »nicht vom Himmel«, sondern entstanden oft als Reaktion auf konkrete Probleme, seien sie national oder lokal oder langfristig oder tagespolitisch gewesen.

Vereine gelten als typische deutsche Einrichtungen. Treffen sich zwei oder drei Deutsche, heißt es im Ausland, gründen sie erst einmal einen Verein. Dies bezieht man nicht nur auf Deutschland, sondern auch auf die Deutschen im Ausland, die in vielen Gesangs-, Turn- oder anderen Vereinen tätig sind. Dieses Merkmal, das den Deutschen zugeordnet wird, geben wir uns auch selbst: Nicht umsonst gibt es das Wort der »Vereinsmeierei« in der deutschen Sprache. Dabei ist der Begriff »Verein« mit dem heutigen Sinn gar nicht so alt; erst um 1800 erscheint er. Vorher bezeichnete das Wort eine staatliche Vereinigung wie einen Fürstenbund oder Ähnliches.

Das Wort »Verein« nahm den heutigen Inhalt erst in der ersten Hälfte des 19. Jahrhunderts an, um einen organisierten Zusammenschluss von Personen zur Verfolgung eines Zweckes zu kennzeichnen. Noch Lexika aus der Zeit um 1850 taten sich schwer, Vereine mit diesem Inhalt als Stichwort aufzunehmen. Vielmehr erscheinen sie oft unter dem Begriff »Association« oder »Korporation«. Dabei umschreibt das Wort »Verein« genau seinen Inhalt ...

... Die ersten Vereine in Dresden

Die ersten Gesellschaften waren wissenschaftliche, die nicht allen offenstanden. Geselligkeit und soziale Aufgaben standen im Vordergrund der ersten Vereinigungen im heutigen Sinn. So entstand 1786 in Dresden die Gesellschaft »Harmonie« – der Name verdeutlicht alles – und 1798 die Herrengesellschaft

»Ressource«, deren einziger Zweck in der »Erholung und literarischen Unterhaltung« lag. Diese beiden Organisationen hatten in ihrer engen Zweckbestimmung Vereins-Charakter, doch standen sie nicht jedem offen. Die »Harmonie« war eine Vereinigung für das mittlere Bürgertum, während die »Ressource« nur der Dresdner Haute-Volée offenstand. Der Mitgliedsbeitrag bei der »Ressource« war mit zwölf Talern Jahresbeitrag und fünf Talern Eintrittsgebühr recht hoch, so dass zur Gründungszeit von 136 Mitgliedern nur zwölf dem Bürgertum und die übrigen dem Adel angehörten. Auf den Stand des Mitgliedes wurde, so das Statut der »Ressource«, nicht geachtet, aber aus »höheren und gebildeten Classen« solle es schon stammen. Wirkliche Mitglieder (die sogenannte »erste Klasse«) durften nur Inländer (also Sachsen) oder Angehörige des Corps diplomatique werden. »Die Freiheit des einzelnen darf nicht zur Unbequemlichkeit des anderen führen«, hieß einer der Grundsätze der »Ressource«, der noch heute aktuell anmutet.

… Einer der frühesten Vereine ist die 1803 gegründete »Gesellschaft zu Rat und Tat« gewesen. Schon im letzten Drittel des 18. Jahrhunderts hatte sich in der Armenfürsorge in Deutschland ein Wandel abgezeichnet. Vor allem der englische Einfluss war es – nicht zuletzt auch durch den 1776 erschienenen, zum Klassiker gewordenen »Wohlstand der Nationen« von Adam Smith –, der neue Formen der Gemeinnützigkeit entstehen ließ. Hinzu kamen die Erkenntnisse der Aufklärung von der Gleichheit der Menschen. In Dresden griff der »Verein zu Rat und Tat« die Ideen des Hamburger Pädagogen Johann Georg Busch (1728-1800) auf, der 1788 eine »Allgemeine Armenanstalt in Hamburg« errichtet hatte, die zum Vorbild für viele andere ähnliche Einrichtungen wurde. In dieser Zeit entstanden in jeder größeren deutschen Stadt Armen-, Hilfs- und Rettungs-Vereine. Neu war aber dabei der Gedanke der Almosenablehnung. Der Arme sollte nicht mehr Bettler sein, der vom Almosen lebt, sondern die Versorgung »verdienen« – im doppelten Sinn des Wortes …

… Der konjunkturelle Einbruch 1836 bis 1838 und der Zusammenbruch mehrerer Banken in den USA [kommt uns doch irgenwie bekannt vor] wirkten sich jedoch auch auf Sachsen aus. Die Wirtschaft unterlag bereits damals beginnenden globalen Wirkungen. Die Löhne der Fabrikarbeiter sanken um 20 bis 40 Prozent. Die Fabrikanten sahen ihr junges Werk in der Krise. Das stete ökonomische *Auf und Ab*, die Missernten 1842 und 1846 ließen die Unzufriedenheit wachsen.

... Wohlfahrts- und Hilfsvereine entstanden in dieser Notzeit in größerer Zahl, übrigens auch solche für aus »Straf- und Korrektionsanstalten Entlassene zu Dresden«. Ehemalige Strafgefangene sollten resozialisiert, in die Gesellschaft wieder integriert und ihnen dabei Hilfestellung gegeben werden.

Diese Zusammenschlüsse waren eine wichtige Einrichtung für die jeweiligen Gesellschaftsgruppen, um die sich der Staat und die Kommune anders als spezielle Vereine so intensiv kaum kümmern konnten, seien es Wohltätigkeitsvereine für Strafgefangene, Augenkranke, Tierquälereigegner oder Interessenvertretungen für Lohndiener, »Hausbesitzer für Grubenräumung« und Tanzordner gewesen. Existierten um 1846 ungefähr 40 Vereine in Dresden, waren es 20 Jahre später über 200. Rückblickend stammt aus dieser Zeit auch die oft etwas spöttisch betrachtete Kleinteiligkeit des Vereinswesens. Dies verkennt die Bedeutung der vielen sozialen und politischen Vereine, an deren Einrichtungen wie Schulen, Kindergärten und anderen sich die Stadt später orientierte. Dass diese Verengung auf engste lokalpolitische und gruppenspezielle, zum Teil sogar auf Stadtteilebene, auch negative Folgen hatte, zeigt der weitere historische Verlauf ....

... Die schnell wachsende Großstadt Dresden (1831: 64.000, 1849: 94.000, 1867: 156.000 Einwohner) und die wirtschaftlich unsichere Lage führten zu einem starken Zustrom junger Mädchen und Männer vom Land nach Dresden, die Arbeit suchten. Oft verdingten sie sich als Dienstmädchen bzw. Dienstboten. Doch in welchen Verhältnissen lebten sie! Aufgrund des niedrigen Gehalts – das Angebot überstieg die Nachfrage – hausten sie oft in dunklen Kammern ohne Ofen und Sonnenlicht. Um die Arbeitschancen zu verbessern, wurde 1868 die Marienschule, eine Dienstbotenlehranstalt, gegründet. Wie spätere Haushaltsschulen gab sie Näh-, Haushalts- und Kochunterricht. Außerdem existierte noch eine Herberge für weibliche Dienstboten. Der »Verein gegen Armennot« unterstützte finanziell die Ausbildung von Dienstmädchen. 1840 wurde in Dresden ein »Verein zur Auszeichnung würdiger Dienstboten« gegründet, der im Stadtverordnetensaal unter finanzieller Beteiligung der Stadt Dresden Geldgeschenke an »verdiente Dienstboten« ausgab. Die Stadt förderte also die Vorbildwirkung des Vereins aktiv. ...

... Doch nicht nur politische Vereine entstanden in dieser Zeit. Bewusst als Gegenreaktion wurden in Dresden 1848 und 1849 unpolitische Vereine gegründet.

Ein solcher war der »Verein für's Leben«, der zwar schon am 29. Juni 1848 ent- stand, aber erst im April 1849 in die Öffentlichkeit trat. »Wahrheit in Wort, Ord- nung in der Tat und Billigkeit in jedem Verhältnis« lautete seine Devise; ein Ver- ein für die Tat und den Gemeinnutz sollte er sein. In dieser Devise sah er entlehnte Naturgesetze nach »Licht, Regelmäßigkeit und Ausgleichung alles Unebenen«. In Vorträgen vermittelte er seinen Mitgliedern die wichtigsten Fä- cher allgemeiner menschlicher Bildung, wie der Verein es selbst sah:

Naturkunde und Geschichte. Der Verein war in Dresden in drei Bezirke geteilt, umso näher am Menschen zu sein. Die Mitglieder trafen sich jeden Dienstag im Böhmischen Bahnhof. Dem Verein waren eine Freischule, eine Kinderkrippe und ein Turnplatz angegliedert und bot auch eine spezielle »Sterbefallversicherung«. Damit wurde das verstorbene Mitglied erst durch den Vereinsarzt auf den Tod untersucht – zu groß war die Angst vor dem Scheintod und dem Begraben von Lebendigen ...“

Dazu finden wir auch einige Angaben im **Adressbuch Dresden 1868**: >

II. Abtheilung, V. Abschnitt, E. Gemeinnützige und Wohlthätigkeits-Anstalten, Seiten 116 – 161.

Hier sind die meisten der „Vereine" aber eben auch nicht alle mit inhaltlichen und personellen Angaben beschrieben. Generell kann man aus heutiger Sicht erkennen, dass versucht wurde, eine Vielzahl der sozialen, gesellschaftlichen und organisatorischen Probleme dieser Zeit über bzw. mit den „Vereinen" zu lösen. Zusätzlich waren natürlich auch rein persönliche Neigungen und Interessen die Gründe, sich solchen Gruppen anzuschließen. Hier einige Beispiele aus den im Adressbuch aufgeführten **225 Vereinen** bzw. „Anstalten / Gesellschaften / Insti- tuten":

Adressbuch 1868 Seite 136 „Auszug" wie folgt: >

„... **Albert-Verein**. Ein Frauenverein mit dem hauptsächlichen Zweck, geschulte Krankenpflegerinnen für die Kriegsheilpflege auszubilden und überhaupt für den Kriegsfall in Zeiten durch zweckmäßige Organisation Maßregeln für eine geordnete Verpflegung verwundeter und kranker Soldaten zu treffen. Ist auf internationale Principien begründet, hat Zweigvereine innerhalb des Landes. An seiner Spitze steht ihre Königl. Hoheit, die Frau Kronprinzessinn von Sachsen und ein aus Frauen und Männern gebildetes Directorium. Der Sitz der obersten Verwaltung ist Dresden. Die Expedition des Vereins befindet sich im Palais am Taschenberg, Haupteingang III. Etage des vorderen Flügels. Expeditionsstunden alltäglich von 10-11 Uhr. Im Conferenzzimmer ist während dieser Zeit stets ein Directoriumsmitglied anwesend, um etwaige Anmeldungen entgegenzunehmen und Auskunft zu ertheilen. Schriftführer des Vereins ist D. Julius Naundorff, wohnhaft große Sommerwohnung im Kgl. Großen Garten ...

„... **Frauen-Verein**. Der Frauenverein begann seine höchst wohltätige Wirksamkeit bereits im Jahre 1814 und wurde durch vier edle Frauen: Geh. Räthin Freifrau von Ferber, Präsidentin von Schönberg, Frau D. Demiani und Frau Actuarius Albrecht begründet, hatte aber bis 1822 nur den Zweck, eine Anstalt Armer mit *Rumfordscher Suppe* zu versorgen. Er hat mit der Zeit sein Streben immer mehr erweitert und hat gegenwärtig einen dreifachen Zweck: 1) Unterstützung und Pflege ehelicher Wöchnerinnen 2) Speisung der Armen und 3) Unterhaltung der von 4 von ihm begründeten Kinderbewahranstalten, wozu sich seit dem 1. Juni 1851 noch eine Säuglingsbewahranstalt oder Krippe (creche) auf Veranlassung und mit Unterstützung Ihrer Majestät der verwittweten Königin Maria gesellt hat. In den Bewahranstalten wird den Kindern bis zur Schulfähigkeit Nahrung, Aufsicht und Pflege gewährt, zur Reinlichkeit, Ordnung, Sittlichkeit und Thätigkeit werden sie mit angemessenen Unterricht, Beschäftigung und Spiel durch einen Lehrer und das Dienstpersonal angehalten. Einer besoldeten Pflegerin liegt zunächst die Sorge für die Kinder, den Mitgliedern der Anstalten die genaue Revision durch die Aufsichtsdamen obwalten ..."

Auszug von Vereinen im Adressbuch 1868 im V. Abschnitt als Beispiele:

>Frauenverein	II. Abth. V. Abschn. E. Blatt 136
Verein ehrenvoll verabsch. Militärs	II. Abth. V. Abschn. E. Blatt 146
Verein f. weibl. Diaconie	II. Abth. V. Abschn. E. Blatt 135

Gedenkblatt zum fünfzigjährigen
Bestehen der Gesellschaft
»Harmonie«, 1836
Museen der Stadt Dresden –
Stadtmuseum
Die 1786 gegründete Gesellschaft
»Harmonie« sollte vor allem für die
Unterhaltung ihrer Mitglieder sorgen.
Sie bestand bis zum Zweiten Welt-
krieg. Das Vereinslokal befand sich
von 1830 bis 1945 im Palais Hoym, das
der Verein zum »Harmoniegebäude«
umbaute.

6. Personenbücher Dresdens – 1788, 1796, 1918

Da es offensichtlich auch damals schon ein Bedürfnis gab, bestimmte
Dresdner Persönlichkeiten und ihre *Leistungen* zu publizieren, findet
man in der SLUB und im Stadtarchiv Dresden z. B. u. a. verschiedene
Bücher, in denen Namen und weitere Angaben *zur Person* gemacht
werden. Diese ergänzen die Adressbücher bzw. hier sind teilweise die einzigen
derzeit zur Verfügung stehenden Quellen um Personen in den entsprechenden
Jahren in Dresden zu finden. So ist z. B. für das Jahr 1788 kein Adressbuch
vorhanden, aber ein *Hofkalender*, und es gibt ein *Personenbuch* für dieses
Jahr.

Viele dieser „Bücher, Listen, Nachrichten, Register, Verzeichnisse usw." sind aber mitunter auch sog. „Grenzfälle", die wohl eher nicht als **„Vorläufer"** oder zur Ergänzung der Adressbücher eingeordnet werden können, aber natürlich trotzdem weitere Informationen zu Dresden enthalten.

Als Beispiel hierfür das *Buch* > „Nachricht" von 1736/37 – **Almosenregister**:

„Fernerweite Nachrichten, wie sowohl Die Hauß-Armen bey der Stadt Dreß-den, als andere Miserable Personenund Kinder, Armen-Haußße, Lazareth und Findel-Hauße in den abgewichenen 1736 Jahre, versorget, Auch hierzu an Allmosen, und sonst gesammlet, und wieder ausgegeben worden, Nebst beygefügten Verzeichnissen, derer sämmtlichen Allmosen-Percipienten, jedoch exclusive 23 Personen, welche in den Hospital Materni, 9 Personen, welche im Brücken-Hofe, 10 Personen, welche im Hospital Bartholomäi, und 154 Perso-nen, welche in den Waysen-Hause, ohne Zuthun des Allmosen-Amtes, ihren völligen Unterhalt genoßen. Dreßden, gedruckt bey Johann Wilhelm Harpetern 1737."

Natürlich gibt es viele weitere „Bücher" in denen Namen und ergänzende Angaben zu den dort genannten Personen vorhanden sind, wie z. B. in der Chro-nik der Stadt Dresden*[21)] oder den sog. *Bürgerbüchern*. > *Bestand Stadtar-chiv Dresden*, die man auch zur Ergänzung der Angaben aus den Adress- und Namensbüchern heranziehen kann.

6.1 „Personenbuch 1788" von Heinrich Keller

„Nachrichten von allen 1788 in Dresden lebenden Künstlern" von Heinrich Keller. [In der SLUB Dresden, Sonderlesesaal]

Insges. **220 Seiten/A5**. Hier werden **121 Personen** mit einer **Kurzbiographie** beschrieben die **im Jahr 1788** in Dresden **wohnten**, zu denen aber in diesem Buch **keine Wohnadresse** angegeben ist.

1788 Vorbericht

Gegenwärtiges Künstler-Lexicon sey der Anfang eines fortdauernden Werkes, welches dem Publikum auch in Zukunft von dem Zustande der Künste in Dresden Nachricht giebt. Zum wenigsten alle drey bis vier Jahre wird ein neues Supplement erforderlich seyn.

Ich meiner Seits wünsche, daß sich nach mir beständige Fortsetzer finden mögen, welche sich gleich viele Mühe, als ich während meinem Aufenthalte in Dresden beynahe drey Jahre lang darauf verwendet habe, nicht mögen davon abschrecken lassen. Denn, wenn man von Künstlern Nachrichten ertheilen will, muß man doch wohl ihre Werke selbst kennen, und nicht einem fernen Correspondenten aufs Wort geradezu glauben, welcher oft nur die Tradition der Parteylichkeit nachschreibt.

Daher kommt es aber auch, daß unsere meisten Künstler-Lexica so viele falsche, aufgegriffene und schiefe Nachrichten enthalten; und aus eben dieser Ursache habe ich in diesem Lexicon die Geschichte der älteren sächsischen Künstler nicht berührt, deren Sammlung der um die Künste so hoch verdiente Herr Geheime Kammerrath von Heinecke in seinem Werke über Künstler und Kunstsachen und der würdige Herr M. Hasche in seinem Magazin der sächsischen Geschichte übernommen haben.

Daß dieser leztere Gelehrte, welcher bisher um die Geschichte seines Vaterlandes sich bestens verdient gemacht hat, und bey allen Mangel an Aufmunterung einen unermüdeten Fleiß gezeigt hat, in Zukunft die Fortsetzung dieser Künstlernachrichten übernehmen möge, dieses wünsche ich vorzüglich. Es ist hier zu Sachsens Ehre ein großes Feld zu bearbeiten vorhanden.

Ist die zeichnende Kunst stolz auf ihren Casanova, Schenau, Seydelmann, Hölzer, Weinlig, Stölzel, Zingg etc. so ist es mit gleichem Rechte die Tonkunst auf ihren Naumann, Seydelamm, Schuster, Weinlig, und die vielen Virtuosen, welche in Dresdens Mauern leben. Von Seiten der mechanischen Künstler ärntet Dresden einen gleichen Ruhm. Ich glaube kaum, daß eine andere Stadt in Deutschland so viele würdige Männer in diesem Fache aufweisen kann, als Dresden. Man könnte schon ein ziemliches Register von ihren Erfindungen liefern, von denen viele ganz unbekannt geblieben sind.

Besonders befinden sich unter der Churfürstlich-Sächsischen Armee, und vorzüglich unter dem Ingenieur- und Artillerie-Corps, Offiziere, deren Namen dem Vaterlande zur wahren Ehre gereichen, und die eben so sehr als Gelehrte rühmlichst bekannt sind, als sie sich um die Kriegs- und bürgerliche Baukunst verdient gemacht haben. So hat Dresden z. B. einen Herrn Obristlieutenant Franke, welchen die Gelehrten als Gelehrten, die Ingenieurs als einer der ersten Ingenieurs – und unsere würdigsten, gelehrtesten Bausachverständigen als einen der ersten Architekten verehren. In allen diesen Fächern erheben sich in Dresden viele Dilettanten, welche es selbst zu einer namhaften Größe gebracht haben. Man kann mit Recht sagen, daß alle diese Künste in Einem gekrönt sind – vorzüglich aber die Musik und die Mechanik. – In leztern ragen besonders auch die Namen, Sr. Exzellenz des Herrn Ministers von Berlepsch und eines Herrn Kammerherrn von Racknitz hervor.

Die zeichnenden Künste habe hier viele Verehrer – So würde z. B. der Herr Geheimerath Graf von Dallwitz außer dem Schooße der Künste und Wissenschaften zu athmen und zu leben aufhören. Er selbst hat in der Kunst, und vorzüglich im Porträte, glückliche Versuche gemacht. In der Miniatur-Porträtmalerey ärntet eine Frau Obristlieutenant Franke, geborne von Lange, vorzüglich vielen Ruhm, so daß Sie mit Recht als eine der vorzüglichen Künstlerinnen in diesem Fache gerühmt werden könnte. So hätte ich auch mit Fug und Recht Herrn Johann Friedrich Schelcher als Porträt- und Bataillenmaler anführen können, wenn er die Kunst nicht blos als Liebhaber übte. Beynahe alle junge Herrschaften und Kinder vornehmer Aeltern erhalten hier Unterricht in den bildenden Künsten, und da entwickelt sich denn manches Genie. Ueberhaupt hat man nicht leicht in einer andern Stadt so mannigfaltige Gelegenheit, sich in so vielen Fächern zu bilden, als in Dresden.

Der ganze Inhalt dieses kurzen Vorberichts sey nur ein Fingerzeig für den Fortsetzer dieser Nachrichten – und es soll mich auch in der weitesten Entfernung freuen, wenn ein würdiger Gelehrter zur Ehre seines Vaterlandes dieses hiermit angefangene Werk fortzuführen ermuntert wird, und seine dazu erforderliche vielfältige Mühe nicht ganz ohne Belohnung bleibt.

Gesammelt und herausgegeben von Heinrich Keller

Beispiel einer „**Kurzbiographie**" von Keller für **ACIER**, Vergleich **1788** zu 1796:

Acier, (Michele Victor) Churfürstl. Sächs. Modellmeister, geboren in Versailles 1726, stund bis in sein 27stes Jahr an der Akademie in Paris; daher seine größern und vorzüglichern Werke sich in Frankreich zerstreut befinden. So ist z. B. eine Capelle in Bourgogne mit vielen von ihm verfertigten großen Statuen geziert ect. In Paris erhielt er den Ruf an die Porzellainfabrike in Meissen, welche von ihm eine Menge schätzbarer kleiner Gruppen erhalten hat. Während seinem Aufenthalte in Sachsen hat er auch mancherley des wärmsten Beyfalles würdige Werk geliefert, unter welche vorzüglich der Tod des General Schwerin gehört, von welcher treflichen Hautrelief gearbeiteten Gruppe man eine nähere Beschreibung in dem Rostischen Kunstkatalog findet.

Zur gleichen Person schreibt **Johann Gottlieb August Kläbe/1796**. Aus dessen „**Kurzbiographie**" zu **ACIER** ist zu erkennen, dass er acht Jahre später nicht einfach von Heinrich Keller abgeschrieben, sondern offensichtlich zur jeweiligen Person **eigene Recherchen** durchgeführt hat.

Acier, (Michele Victor) Churfürstl. Sächs. Modellmeister, geb. zu Versailles am 20. Jan. 1736. Von Jugend auf hatte er großen Trieb zur Kunst, er studirte daher auf der Akademie zu Paris bis in sein 28stes Jahr, und lieferte damahls schon vorzügliche Werke, die jetzt noch in Frankreich zerstreut sind. In Bourgogne ist eine Kapelle mit vielen großen Statuen von ihm geziert. Im Jahre 1762 erhielt er zu Paris den Ruf an die Porcellainfarike nach Meißen, welche von ihm eine Menge Gruppen-, Haut- und Basreliefs und dergl. aufzuweisen hat. Siebzehn Jahre lang arbeitete er mit Eifer in dieser Fabrike, und außerdem noch zu seinem Vergnügen, und kam im Jahre 1780 nach Dresden, wo er noch sehr viele Modelle aller Art, worunter auch Monumente befindlich sind, gefertigt hat. Eins der schätzbarsten Werke, die er während seines Aufenthaltes in Sachsen geliefert hat, ist ohnstreitig der Tod des General Schwerin, von welcher vortrefflichen Hautrelief gearbeiteten Gruppe Meissner folgende Beschreibung gemacht hat:

„Schwerin, mit der Fahne in der Hand, und am Fuße einer aufgepflanzten Batterie, gibt seinen Geist auf im Schoos der Siegesgöttin, zu der er hindurch gedrungen ist, und die schon Trophäen ihm gepflanzt hat. Staunend blickt sie auf den Sterbenden."

„Die Vaterlandsliebe ist im Begriff ihm Nachruhmskränze zu flechten, doch sie entsinken ihrer Hand, denn sie erblickt Friedrichs Thräne, der sie nichts an Würde gleiches entgegen stellen kann".

„Preußens Schutzgeist, gestützt auf die Aegide, beut dem Prinzen Heinrich das Schwerdt Schwerins und auch den Lorbeer an, der schon seiner wartet."

„Von ferne erblickt man die Thürme Prags; zur Seite Heinrich stehet in einem jungen Eichenwalde die Statue des großen Churfürsten, Friedrich Willhelms; an deren Fußgestelle das Bild eines Phönix, der aus seiner Asche neu auflebt, die treffendste Allegorie für Preußens Heldenstamm."

Im „**Hofkalender**" von **1788** werden da auf den Seiten 54 - 57 auch einige dieser Personen bzw. Künstler genannt, die ebenfalls im o.g. Buch beschrieben sind [ein **Adressbuch** für das Jahr **1788 gibt es nicht**].

Seiten 54 – 57 [**Hofkalender 1788**]:   *Academie der Künste.*

Herr *Camillo Graf Marcolini,*   Generaldirector der Künste und Kunst-academien, Se. Excellenz, Ober-Cammerherr, würklicher geheimer Rath und Cämmerer, des St. Andreas- und Stephan-Ordens-Ritter.

Die Academie der Künste, worunter begriffen:

A. Ehrenmitglieder. Vacat.

B. Die Academie der Mahlerey, Bildhauerey und Kupferstecherey in Dresden

Professores

Herr *Joh. Casanova*   der Clementinischen, auch der Acad. der Antiquitäten zu Cassel Mitglied

Herr *Johann Eleazar Schönau*   Academie der Mahlerey, Bildhauer- und Kupferstecherey zu Dresden wechselweise ein Jahr ums andere

Herr *Adam Friedrich Oeser*   Professor und Director der Zeichnungs-, Mahlerey- und Architectur-Academie in Leipzig

Herr *Johann Benedict Theil*   wegen der theatrali. Perspectivmahlerey

Professores honorii

Herr *Josef Roos*   der Clementinischen Academie Mitglied, Director der Gallerie in Wien und Kaiserl. Cabinettsmahler, lebt in Wien

Herr *Marcello Bacciarelli*   Director der Königl. Pohln. Academie, abwesend in Warschau

Aufgenommene Mitglieder.

Herr *Christian David Müller*, Hofmahler.   Wegen der Portraits und Mahlerey in Pastel, wie auch Oel

Herr *Anton Graf*   Wegen der Portraits und Mahlerey in Pastel, wie auch Oel

Herr *Jacob Seydelamm*   Wegen Zeichnung

Frau *Johanna Elisb. Weydmüllerin*   Zur Blumenmahlerey hinter Glas

Frau **Friderica Bacciarelli geb.Richterin**	Wegen der Miniatur, abwesend, lebt in Warschau
Herr **Cornelius Hoyer**	Wegen der Miniatur in Historie und Portraits, der Churf. Academie auswärtiges Mitglied und Rath der Königl. Dänischen Mahler- u. Bildhauer-Acad., auch der Florent. Mitglied, auch jener Secretarius, lebt in Copenhagen
Herr **Johann Christian Klengel**	in Landschaften, auch der Königl. Preuß. Academie zu Berlin Mitglied

Aufzunehmendes Mitglied

Frau **Rosina du Gase geb. Lisiewska**	in Historie und Portraits, in Oel und Pastel, lebt in Braunschweig

In der Kupferstecherkunst

Herr **Joseph Camerata**	Professores
Herr **Joseph Canale**	auch der Clementinischen Academie Mitglied

Aufgenommene Mitglieder

Herr **Johann Georg Wille**	auswärtiges Mitglied, auch Königl. Kupferstecher in Paris, und der dortigen Academie Mitglied
Herr **Adrian Zingg**	der Kaiserl. Königl. Zeichnungs- und Kupferstecher-Academie in Wien Mitglied
Herr **Jacob Schmutzer**	auswärtiges Mitglied, der Kaiserl. Königl. Zeichnungs- und Kupferstecher-Academie
Herr **Friedrich Stölzel**	
Herr **Christian Gottfried Schulze**	auch Königl. Preuß. Academie zu Berlin Mitglied

C .Die Academie der Baukunst in Dresden

Professores

Herr **Christian Friedrich Exner**	Ober-Landbaumeister
Herr **Friedrich August Krubsacius**	Ober-Landbaumeister

Mitglieder

Herr **Johann Paul Habersang**	
Herr **Gottlob August Hölzer**	Hofbaumeister

Auswärtiges Mitglied

Herr **E. Ritter**

Baumeister in Bern, der Königl. Französischen Academie der Baukunst in Paris, des Instituts in Bononien, und der öconomischen Societät in Bern Mitglied

Hierüber:

Herr **Michael Victor Acier**

Bildhauer bey der Porcellainmanufactur zu Meißen, Pens

Pensionaires

Jungfer **Sophia Friderica Dinglingerin**

in Miniatur

Jungfer **Maria Theresia Riedelin**

in Oelmahlen

Jungfer **Carolina Friderica Friedrichin**

in Blumenmahlen

Herr **Carl Christian Reinow**

Hofdessinateur, auch Zeichenmeister bey den Churfürstl. Pagen

Herr **Gottlieb Anton Dolst**

Miniaturmahler

Herr **Christian Gottlob Mietzsch**

Unterlehrer im Zeichnen bey der Mahlerey

Herr **Gaitano Toscani**

Unterlehrer im Zeichnen bey der Mahlerey

Herr **Johann Alexander David Friedrich**

Unterlehrer im Zeichnen bey der Baukunst

Herr **Christian Gottlob Fechhelm**

Unterlehrer im Zeichnen bey der Mahlerey

Herr **Friedrich Christian Klaß**

in Landschaften

Herr **Carl Christian Klaß**

in der Zeichnungs- und Geschichts-mahlerey, auch Inspector beym Kupferstichcabinet

Herr **Christian Friedrich Schuricht**

Architect

Herr **Christian Traugott Verlohren**

Architect

Herr **Carl Gottlob Rasp**

in der Kupferstecherkunst

Herr **Ephraim Gottlob Krüger**

in der Kupferstecherkunst

Herr **Christian Leberecht Vogel**

in Miniatur und Geschichtsmahlerey

Herr **Johann Gabriel Protze**

Kupferdrucker

Herr **Rudolph August Brand**

Aufwärter

D. Die Zeichnungs-, Mahlerey- und Architectur-Academie Leipzig

Herr **Adam Friedrich Oeser**

Director, auch Professor der Academie

in Dresden und Hofmahler

Herr *Johann Paul Habersang*	Architect
Herr *Johann Friedrich Bause*	Kupferstecher
Herr *Christian Gottlob Geyser*	Kupferstecher
Herr *Jacob Wilhelm Mechau* [Bild]	Kupferstecher in der Landschaftsmahlerey
Herr *Johann Friedrich Dauthe*	Kupferstecher in der Baukunst
Herr *Friedrich Siegmund Pitterlin*	Lehrer in der Art Zeichnung zu Etoffen und Zitzen etc.
Herr *Friedrich Samuel Schlegel*	Unterlehrer und Bildhauer
Herr *August Ludwig Stein*	Unterlehrer
Herr *Johann Heinrich Wiese*	Unterlehrer
Herr *Carl August Benjamin Siegel*	Unterlehrer bey der Architectur
Herr *Johann Christoph Jung*	Aufwärter, auch Kunst- und Modell-Tischler

Tabelle mit den **121 Namen/Beruf** von Künstlern **1788 in Dresden**, von Heinrich Keller, ohne Wohnadresse, aber mit Viten und in diesen weitere Angaben zur Geburt/Ort, Vater usw.: [1788 > Dresden (err.) **47.201 Einwohner**]

Acier	Michele Victor	Churf. Sä. Modellmeister
Albert	Heinrich	Portaitmaler und Zeichner
Arnold	Samuel Benedikt	Frescomalerey
Beck	Johann Samuel	Bildhauer
Berggold	Karl Moritz	Bataillenzeichner
Caffe	Daniel	Pastellmaler
Camerata	Joseph	Prof. a.d. Churf. Akademie d. Künste
Canale	Guiseppe	Prof. a.d. Akademie d. zeichn. Künste
Casanova	Johann	Dir. der Churf. Akademie d. Künste
Castelli	Christian Gottlob	Frescomalerey
Close	Franz Ludwig	Miniaturmaler
Deibel	Joseph	Churf. Sä. Hofgalleriebildhauer
Dinglinger	Sophia Friedrika	Miniaturmalerin
Dolst	Christian Gottlieb	Miniaturmaler

Dorsch	Johannes Baptista	Churf. Sä. Hofbildhauer
Dreßler	Johann Traugott	Porträtmaler
Eigenwillig	Christian Heinrich	Raths-Bau- u. Maurermeister
Exner	Christian Friedrich	Churf. Sä. Oberlandbaumeister
Fechelm	Christin Gottlob	Unterlehrer der Zeichenkunst
Feige	Johann Christian	Bildhauer
Feige	Johann Friedrich	Bildhauer
Franke	Christian Adolph	Oberlandfeldmesser u. Landbauschreiber
Franke	Adolph	Miniaturmalerey
Friedrich	Johann Alexander David	Unterlehrer a.d. Akademie der Baukunst
Friedrich	Johann Christian Jakob	Landschaftsmalerey
Friedrich	Karolina Friederika	Blumenmalerin
Gebhard	Johann August	Churf. Sä. Hofconducteur
Giesel	Johann Ludwig	Landschaftsmalerey
Giesel	Johann August	Baudirektor, Inspektor des Prinz Anton
Glasewald	Ephraim Wolfgang	Churf. Sä. Hofconducteur
Graff	Anton	Churf. Sä. Hofmaler in Dresden
Günther	Christian August	Naturzeichner
Hauptmann	Johann Gottlob	Churf. Sä. Hofconducteur
Held	Johann Ehrenfried	Maler und Zeichner
Höckner	Karl Wilhelm	Churf. Sä. Kammermusicus
Hoffmann	Georg Andreas	Porträtmaler (taubstumm)
Hoffmann	Johann Ulrich	Kupferstecherkunst (Taubstumm)
Holtzmann	Karl Friedrich	Maler und Kupferätzer
Hölzer	Gottlob August	Churf. Sä. Hofbaumeister
Kehrer	Karl Christian	Fürstl. Anhalt-Bernburgischer Hofmaler
Keyl	Michael	Zeichenmeister b.d. Ritter- u. Militärakademie
Kindermann	Anton	Churf. Sä. Hofmaler
Klaß	Karl Christian	Inspektor d. Curf. Sä. Kupferstich-Cabinetts
Klaß	Friedrich Christian	Landschaftsmaler u. Pensionär der Akademie
Klengel	Johann Christian	Mitglied d. Akademie d. bildenden Künste z. DD
Klette	Johann Georg	Churf. Sä. U. Cabinetts-Steinschneider
Klinger	Johann Gottlob	Fresco- u. Dekorationsmaler

Knöbel	Johann Friedrich	Churf. Sä. Landbaumeister
Knöbel	Julius Friedrich	Churf. Sä. Hofconducteur
Krubsacius	Friedrich August	Churf. Sä. Oberlandbaumeister
Krüger	Friedrich Heinrich	Churf. Sä. Münzgraveur
Krüger	Ephraim Gottlieb	Zeichner und Kupferstecher
Krüger	Christian Joseph	Baumeister
Krüger	Friedrich Heinrich	Churf. Sä. Münzgraveur
Krüger	Ephraim Gottlieb	Zeichner und Kupferstecher
Krüger	Christian Joseph	Münz- und Medaillen-Graveur
Kühnel	Friedrich	Porträt- und Historienmaler
Kuntsch	Johann Gottfried	Churf. Sä. Hofconducteur u. Amtsmauermeister
Laurin	Heinrich Friedrich	Landschaftszeichner und Kupferstecher
Lenz	Karl Gottlieb	Porträtmaler in Oel
Locke	Samuel	Churf. Sä. General-Accis-Baudirektor
Lohse	Johann Gottfried	Architekt und Festungsbaumeister
Lorenz	Friedrich Gottlob	Landschaftsmaler
Major	Traugott Leberecht	Bildhauer in Stein, Porzellan-Modelleur
Mattersperg	Joseph	Bildhauer
Matthäi	Johann Gottlob	Modellierer in der Fabrike in Meissen
Mieksch	Johann	Churf. Sä. Kammermusikus, Zeichenkünstler
Mietzsch	Christian Gottlob	Erster Unterlehrer a.d. Akademie zu Dresden
Morasch	Christian Gottfried	Miniatur-, Porträt- und Emaillemaler
Müller	Christian David	Churf. Sä. Hofmaler
Oeser	Friedrich Ludwig	Historienzeichner u. Historienmaler
Pause	Johann Gottfried	Architekt
Pechwell	August	Porträt- und Historienmaler
Penzel	Johann	Kupferstecher, Historische Mignatur
Peter August	keine Angabe	Zeichner und Copist
Plesch	Johan Ernst August	Zeichenmeister
Pochmann	Traugott Leberecht	Geschichtsmaler, Copist, Miniaturportäts
Pöppelmann	Johann David	Churf. Sä. Hof- u. Staffiermaler
Rasp	Karl Gottlob	Kupferstecher
Reinhard	Johann Gottlieb	Churf. Sä. Jagdmaler, Universitätszeichenmeister

Reino	Karl Christian	Churf. Sä. Hofdessinateur, Pagenzeichenmeister
Reuß	Christian Gottlob	Churf. Sä. Maschinen- u. Hofzimmermeister
Riedel	Anton	Inspektor a.d. Churf. Sä. Gallerie in Dresden
Riedel	Anton Heinrich	Maler und Radierer
Riedel	Maria Theresia	Pensionärin der Akademie, Landschaftszeichnerin
Rothe	Konrad Gotthelf	Churf. Sä. Hofconducteur
Rüdiger	Karl Friedrich	Schrift- u. Formschneider für Buchdruckereyen
Sack	Ludwig August	Porträtmaler
Schade	Johann Daniel	Churf. Sä. Hofconducteur
Schenau	Johann Eleazar	Prof. der bildenden Künste u. Dir. der Akademie d.K.
Schmidt	Johann Heinrich	Churf. Sä. Hofmaler
Schmidt	Johann Friedrich	Zeichner und Kupferstecher
Schultze	Johann Gottfried	Churf. Sä. Hofkupferstecher
Schultze	Johann Gottfried	Churf. Sä. Hofkupferstecher
Schelcher	Johann Friedrich	Agent, Copist historischer Gemälde
Schumann	Johann Gottlob	Zeichner und Kupferstecher
Schuricht	Johann Friedrich	Churf. Sä. Hofconducteur
Schwarz	Joseph	Bildhauer in Stein, Metall und Holz
Seydelmann	Jakob Crescentius	Mitglied d. Churf. Sä. Akademie der bildenden Künste
Senf	Friedrich Traugott	Landschaftsmaler
Seyffert	Johann Gotthold	Kupferstecher
Skerl	Friedrich Wilhelm	Porträtmaler in Oel und Pastell
Speck	Christian Gotth. August	Architekt
Stieler	Johann Friedrich	Churf. Sä. Erster Münzgraveur
Stölzel	Christian Friedrich	Churf. Sä. Hofkupferstecher
Tettelbach	Gottfried Benjamin	Steinschneider, Porträts, Wappen, Basreliefs, ...
Theil	Johann Benedikt	Prof. a.d. Akademie der bildenden Künste in Dresden
Thiele	Johann Friedr. Alexand.	Landschaftsmaler in Oel
Toscani	Cajetan	Unterlehrer a.d. Akademie der bildenden Künste
Verlohren	Wilhelm Traugott	Churf. Sä. Landbauschreiber
Vogel	Christian Leberecht	Pensionär der Akademie, Geschichts- u. Porträtmaler
Vögtlini	Christian Konrad	Churf. Sä. Hofconducteur
Wagner	Friedrich Christian	Copist nach Landschaftsgemälden

76

Weinlig	Christian Traugott	Churf. Sä. Ober-Bauamts-Zahlmeister
Weller	David Friedrich	Blumengemälde-Maler in Wasserfarben
Wermuth	Christin Siegmund	Churf. Sä. Münzmedailleur, erster Münzeisenschneid.
Werner	Christian Gottlieb	Schriftstecherkünstler
Weydmüller	Johanna Elisabeth	Malerin auf Glas
Wiskottschill	Thaddäus	Bildhauer
Zingg	Adrian	Churf. Sä. Hofkupferstecher

Beispiele der dazu entspr. Kurzbiographien/Viten >:

[Blatt 14-15] *Arnold, (Samuel Benedikt) geboren in Dresden 1744, erlernte die Anfangsgründe der Zeichenkunst bey dem damaligen Ingenieurzeichenmeister Schätz, kam hierauf zu dem Hof- und Theatermaler Müller, bey welchem er im theatralischen Fache, wie auch im Fresco- und Platfondmalen Unterricht bekam. Er legte sich zu gleicher Zeit auf das Porträtmalen in Wasserfarbe, in welchem er besonders in Ansehen der Aehnlichkeit beständig sehr glücklich war.*

Im Jahre 1778 wurde er wegen verschiedener Frescomalerey nach Bremen, und von da nach Oldenburg berufen. Er besuchte bey dieser Gelegenheit die Hauptstädte Niedersachsens, wo er sich fünf ,Jahre lang, theils mit Fresco- und Platfond-, theils mit Porträetmalereyen beschäftigt, und sich damit genugsam bekannt gemacht hat. Ueber dieses ist der Künstler durch seine Basreliefs, welche er bey Gelegenheit der hiesigen jährlichen akademischen Ausstellungen vor die Augen der Kenner und Liebhaber bekannt geworden.

[Blatt 161] *Schmidt, (Johann Friedrich) geboren in Dresden 1764. Seine Absicht ging dahin, sich zum Zeichner zu bilden, und sich dem historischen Fache zu widmen; daher er mehrere Jahre auf die Zeichenkunst allein seinen Fleiß verwandte, und es auch darinnen so weit brachte, daß seine Zeichnungen von Kennern sehr geschätzt wurden. Seit 5 Jahren folgte er aber insbesondere der Leitung des Hrn. Rasp in der Kupferstecherkunst, und hat seitdem seine glücklichen Fortschritte durch einige mit vielen Beyfall aufgenommene Studienblätter und Porträte bewiesen; so daß er durch höheren Befehl bereits zu dem Churfürstl. Galleriewerke ein Blatt nach Enoch Seemann, das Porät dieses Künstlers selbst, zu bearbeiten aufgefordert wurde, welches ihn gegenwärtig noch beschäftigt. Hr. S. wird daher bey Kennern eben so beliebt durch seine Kupferstiche werden, als er es bisher durch seine Zeichnungen war.*

Schlußanmerkung

Sachsen hat seit vielen Jahren her das Ausland, und zwar oft die entferntesten Gegenden, mit geschickten Künstlern versehen. Der größte Beweis davon ist Mengs, von dem man auf der ihm gewidmeten Apotheose der Herrn Prof. Casanova foldende Inscription liest:

Vitam Saxonia ac artes; Iberia lauros, divitias; coeli munera Roma dedit.

Noch jetzt befinden sich mehrere geschickte Sächsische Künstler in verschiednen Gegenden zerstreut. Einige derselben sind bereits angeführt, noch Andere, die mir bekanntgeworden sind:

- ➢ *Herr **Kammsetzer**, Königl. Baumeister in Warschau*

- ➢ *Herr **Langwagen**, Hofbaumeister in Braunschweig*

- ➢ *Herr **Naumann**, Hofmaler Sr. Durchlaucht des Markgrafen von Anspach und Bayreuth, Bruder unseres großen Kapellmeisters Hrn. Naumann. Dieser Künstler hat zuerst hier unter Casanova und dann mehrere Jahre unter dem großen Mengs sich zum Porträt- und Historienmaler gebildet.*

- ➢ *Herr **Speck**, Porträtmaler, Bruder des in diesem Künstlerverzeichnisse angeführten Architekten, Hrn. Speck, in den Niederlanden. Man trift hier und da in Dresden noch gute akademische Zeichnungen von ihm an.*

- ➢ *Herr **Schubart**, Miniaturporträtmaler, ein geschickter ehemaliger Schüler des Hrn. Prof. Casanova, lebt in Hamburg*

- ➢ *Herr **Meinecke**, welcher ehemals unter Mietzsch und Hutin hier studiert hat, ein geschickter Porträtmaler in Pastel, befindet sich in Petersburg.*

6.2 „Personenbuch 1796" von Gottlieb August Kläbe

„Neuestes gelehrtes Dresden oder Nachrichten von jetzt lebenden Dresdner Gelehrten, Schriftstellern, Künstlern, Bibliotheken- und Kunstsammlern". Von Johann Gottlieb August Kläbe/1796.

Hier wieder das wortgetreue Vorwort bzw. der „Vorbericht", in dem die Probleme und das Anliegen des Autors wie folgt deutlicher werden: >

1796 Vorbericht

Gegenwärtiges Werk, welches zum ersten Mahle in dieser Form erscheint, beeinträchtigt keineswegs die 1788 im Dykschen Verlage zu Leipzig heraus gekommenen: „Nachrichten von allen in Dresden lebenden Künstlern" ect. ect. sondern es bestehet für sich, könnte aber auch zugleich als eine Fortsetzung der eben angeführten Schrift betrachtet werden, da der Verfasser derselben todt ist und noch bey Lebzeiten den Wunsch äußerte „daß sich beständige Fortsetzer seines Buches finden möchten".

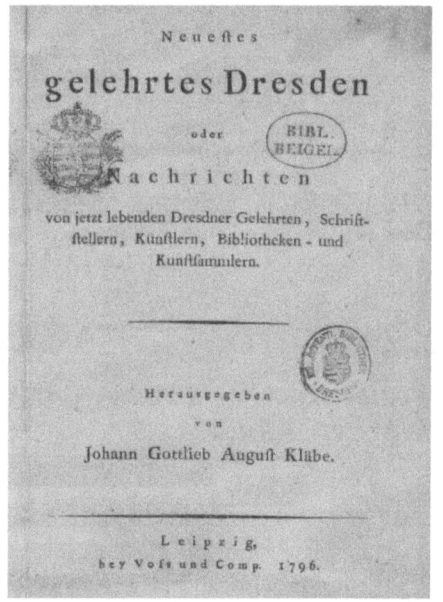

Ich habe ein sehr schweres Unternehmen gewagt, und, wo nicht ganz, doch zum Theil ausgeführt. Ich nenne es deswegen schwer, weil so manche Künstler und Gelehrte lieber unbekannt bleiben, als sich in einem Buche öffentlich anführen lassen wollen, und daher jeden Unternehmer ihre Beyträge versagen; ob mit Recht, darüber mag das Publikum absprechen.

Indessen muß ich auch öffentlich gestehen, daß es deren nur wenige gab, die mir viele Schwierigkeiten machten, und es den meisten unangenehm gewesen wäre, wenn ich Unwahrheiten nieder geschrieben hätte.

Das Publikum kann zuverlässig auf getreue Wahrheit meiner Nachrichten rechnen, da Dresden seit 16 Jahren der Ort meines Aufenthaltes ist, und ich das schätzbare Glück geniese, den Meisten der aufgeführten Männer persönlich bekannt zu seyn, von Vielen sogar als Freund behandelt zu werden. Ich würde es auch nicht gewagt haben, meine Idee auszuführen, wenn ich nicht durch viele hiesige würdige Gelehrte darzu aufgemuntert und unterstützt worden wäre, welches ich dankbar rühmen muß.

Findet der gelehrte Leser übrigens nach aller von mir angewandten Mühe noch Lücken und Mängel in dem vorliegenden Buche; so habe er Geduld mit mir; ich werde sie entweder in einem Anhange ausfüllen und verbessern, oder in einer künftig zu hoffenden Auflage beyfügen.

Der Kunstrichter wird mich mit Nachsicht und Schonung behandeln und besonders darauf Rücksicht nehmen; daß jedes neue Unternehmen nicht sogleich den gewünschten Grad von Vollkommenheit erreichen kann.

Dresden im December 1795. J. G. A. Kläbe

> ➢ **In den *Adressbüchern*** von 1796 – 1799 findet man zu KLÄBE: >

1799 – Kläbe Johann Gottlieb August, Buchhalter, Pirnaische Vorstadt, An der Elbe 34

1797 – Kläbe Joh. Glieb. Aug., Buchhalter in der Hilscherischen Buchhandlung, an der Elbe 34a (See- und Pirn. Thoramtsgemeinde)

1796 – Kläbe Joh. Gottlieb August, Buchhalter in der Hilscherschen Buchhandlung, Vorm Pirn.Thore, Rammische Gasse 206

Insgesamt sind in diesem Buch von Kläbe **238 Personen** erfasst, alle in Dresden lebend und zu jeder Person ist auch eine „Kurzbiographie" vorhanden.

Beispiel Friedrich Ludwig **Aster**, eine recht ausführliche **Kurzbiographie** im Buch von **1796** in der auch viele historische Ereignisse erwähnt werden: >>

*>> **ASTER, Friedrich Ludwig**, Obrister des Churf. Sächs. Ingenieurcorps, geb. zu Dresden, am 28. Nov. 1732. Sein Vater, Carl Friedrich, war Königl. Poln. und Churf. Sächs. Hofrath und Geheimer Referendarius.*

Die Anfangsgründe der Lat., Franz., Ital. und Deutschen Sprache, so wie der Religion, Philosophie, Geschichte,Geographie, Moral des natürlichen Rechts etc. etc. erlernte er durch guten Privatunterricht, besonders des damaligen Rectors der Neustädter öffentlichen Schule M. Grabners, und dann eines gewissen als Schulherrn zu Magdeburg verstorbenen Pohlmanns.

In der Zeichenkunst unterwies ihn seit 1746 der nachher durch seine antiquarischen Kenntnisse berühmt gewordene Professor Lippert, und in den mathematischen so wohl, als übrigen einem Ingenieur unentbehrlichen Wissenschaften, der bey der adelichen Kadettenakademie in Dresden, als Direktor der Fortifikation und Professor der Mathematik verstorbene Kriegsrath Glaser. Nach beendigten Cursu in diesen Wissenschaften meldete er sich um einen Unteroffizierplatz beym Churfürstl. Ingenieurcorps und der damahlige Feldmarschall Graf Rutowskj befahl dem Chef des Corps Generallieutenant von Fürstenhoff, ihn als aggregirten Soulieutenant in Vortrag zu bringen. In dieser Qualität betrat er nach erhaltenem Patente vom 2ten May 1750 seine militärische Laufbahn.

Bei dem in der Gegend von Dresden Anno 1753 angestellten Lustlager der Chursächs. Armee und der vorgenommenen Belagerung eines hierzu aufgeworfenen Festungswerkes gab ihm der diese Belagerungsarbeiten dirigirende Ingenieurobriste von Eggers Gelegenheit, seine erlangten theoretischen Kenntnisse in Praxi zu zeigen.

Anno 1756, als eben genannter Ingenieurobriste aus dem Lager bey Pirna auf die Festung Königstein geschickt wurde, daselbst die nöthigen Vertheidigungsanstalten zu treffen, nahm er ihn mit dahin und solchergestalt entging er der Preußischen Gefangenschaft.

Da Anno 1759 die Reichsarmee unter dem Kommando des Prinzen von Zweybrücken Durchl. vor die von Preußen besetzte Residenzstadt Dresden rückte, sie zu belagern, fügten es die Umstände, so, daß er Befehl erhielt, sich bey dem Prinzen zu melden, welcher ihn an den Churpfälzischen Ingenieurmajor Pfister verwies, der die Belagerungsarbeiten in der Neustadt zu dirigiren hatte. Dieser vertraute ihm hier so wohl vor, als nach der Einnahme von Dresden verschiedene Arbeiten zu führen an, bis Ende Septembers, wo ihn die beyden Königl. Phln. und Churf. Prinzen Albert und Clemens in Dero Gefolge als Ingenieur nahmen, welche mit Erlaubniß des Königs, dem Feldzuge bey der K. K. Armee unterm Feldmarschall Graf Daun beywohnten. Dieß gab ihm Gelegenheit, bey dem Treffen und der Gefangenschaft des Preußisch-Finkischen Corps ohnweit Maxen, am 20. Nov. 1759 gegenwärtig zu seyn, und er ward mit der Nachricht hiervon an Ihro des Prinzen Xavier Königl. Hoheit nach Frankfurt am Mayn zur Franz. Armee abgeschickt.

Am 3. Nov. 1760 befand er sich mit in der so berühmten Schlacht bey Siptitz ohnweit Torgau. Er erhielt nach seiner Tour am 3. Dec. 1760 einen wirklichen Premierlieutenantplatz im Ingenieurcorps und bald nachher, nehmlich am 8. April 1761 legten ihm S. Majestät der König von Pohlen den Kapitänskaracter bey. Der

Feldzug Anno 1761 schränkte sich in Sachsen nur auf die Verteidigung ein, wobey er zur Sicherheit der Truppen, welche des Prinzen Alberts Königl. Hoheit befehligten, an der Mulde zwischen Waldheim und Döbeln verschiedene Schanzarbeiten zu besorgen bekam.

Im Feldzuge Anno 1762 war er bey den Angriffen zu Adelsbach und Burkersdorf in Schlesien, wie auch ein Augenzeuge der Affaire bey Penzla und Reichenbach zwischen dem K. K. Feldmarschalllieutenant Freyherrn von Beck und dem Königl. Preußischen Generallieutenant Herzog von Beyern. Hernach marschirte er mit dem Corps, welches unter dem Kommando des Prinzen Alberts Königl. Hoheit nach Sachsen detaschirt wurde, und das eben dahin abrückende Preußische Corps unterm Generallieutenant v. Neuried kottoyrite, von Trautenau über Arnau, Turnau, Reichenberg, Zittau, Stolpen und Dresden nach Possendorf und besorgte verschiednen Verschanzungen am Weißeritz-Ravin zur Sicherheit derselben.

Nach hergestelltem Frieden Anno 1763 trat er seinen Dienst im Ingenieurcorps zu Dresden wiederum an, welchem der Generallieutenant v. Gersdorf (nachheriger Kabinetsminister und Staatssekretär) als Chef vorgesetzt war, und Anno 1765 ward er an die Ordre des damahligen Majors (jetzigen Generalmajors) Marschall von Herrengosserstäft gewiesen, welchem aufgetragen war, das Schulamt Pforte speciell vermessen zu lassen.

Am 1. Oct. 1768 erhielt er in der Feldbrigade des Ingenieurcorps einen wirklichen Kapitänsplatz und 1770 im August mußte er auf höchsten Befehl nach Holland reisen, den dortigen Wasserbau zu studiren. Er durchreiste also die Provinzen Geldern, Utrecht, Oberyssel, Holland und Seeland, und kam erst nach Verlauf 13 Monate Anno 1771 wieder zurück nach Sachsen, wo ihm sogleich Gelegenheit gegeben wurde, die erlangten Kenntnisse zu benutzen, indem er zuförderst einer Kommission wegen der Elbdämme und einer bey Wittenberg zu erbauenden Elbbrücke, sodann einer mit Churbrandenburg gemeinschaftlichen niedergesetzten Kommission wegen des Spreestrohms in der Niederlausitz, zuletzt auch der Elster- und Neugraben-Kommission im Churkreise beyzutreten befehligt ward.

Diese Aufträge beschäftigten ihn bis 1778, da der Bayersche Erbfolgekrieg ausbrach, in welchem er, nachdem er am 28sten April 1778 seiner Tour nach zum Major im Corps avancirt worden, die Funktion eines Generalquartiermeisters bey dem Corps Chursächs. Truppen unter dem Generalieutenant Graf von Anhalt bis zum hergestellten Frieden 1779 verwaltete. 1780 ward ihm alsdann das Direktorium der gnädigst anbefohlenen Landvermessung aufgetragen.

Im Jahre 1787 den 26. April ward er zum Obristenlieutenant, den 16. Aug. 1792 aber zum Obristen des Ingenieurcorps ernannt, und im September dieses Jahres die Mitwirkung beym Navigationsbaugeschäfte auf der Unstrut und Saale ihm aufgetragen..."

Die **Namen/Adr.** aller **238** *Dresdner* **Personen** von J.G.A. Kläbe/ **1796** mit Angabe des **Berufs** und der **Wohnadresse in Dresden**:

Acier	Michele Victor	Churf. Sächs. Modellmeister	am Stalle 574
Adelung	Johann Christoph	Hofrath, Oberbibliothekar	Klostergasse 9
Albert	Heinrich	Portrait- u. Miniaturmahler	Jüdenhof 386
Andreä	Paul Chrst. Gottlob	M., Kandidat der Theologie	Breitegasse 192
Arnold	Samuel Benedict	Fresco-, Portrait- u. Theaterm.	Kohlmarkt 14
Aster	Friedrich Ludwig	Obrister d. Churf. Sächs. Ingc.	keine Angabe
Aster	Friedrich Ludwig	Obrister vom Ingenieur-Corps	Königstraße 93
Bachenschwanz	Lebrecht	Secretär	Töpfergasse 588
Baehr	Karl Friedrich	Zeichenm. u. Lehrer d.Math.	Am böhm.Kirchhof
Balzer	Johann	Portraitmahler	Moritzstraße 753
Bärend	Karl	Medailleur	Kl. Brüdergasse 297
Beck	Johann Samuel	Steinsetzmeister	Gr. Meißnergasse 3
Becker	Gotth. Wilh. Rupert	Kriegssecretär	Gr. Plauenscheg.
Becker	Wilhelm Gottlieb	Prof. u. Insp. d. Churf. Sä. A.Gal.	Königstraße 97
Bellmann	Karl Gottfried	Orgel- u. Instrumentenmacher	Kl. Meißnischeg. 44
Berger	Traugott Benjamin	Churf. Sächs. Obersteuersekr.	Rammische Gasse
Berggold	Karl Moritz	Lieutenant u. Bataillenmahler	Hauptstraße 135
Bielitz	Gustav Alexander	Doktor der Rechte	Wilsdruffer G. 235
Bierey	Gottlob Benedictus	Musikdirektor	Lochgasse 449
Binder	August Sigmund	Hof- u. Kammerorganist	Große Schießgasse
Bruel	Jaen Auguste	Erster Lehrer d. Franz. Sprache	Kohlmarkt P.Brauh.
Brummer	Karl August	Kupferstecher	Am Jüdenteiche
Bürger	Gotthilf Ehrenreich	D., Pastor in Friedrichstadt	Auf d. Marktplatz

Camerata	Joseph	Prof. der Kupferstecherkunst	Kl.Brüdergasse 303
Campagnoli	Bartholomeo	Herzogl. Kurl. Konzertmeister	Neue Gasse 176
Canale	Guiseppe	Prof. an der Akademie	Am Kloster 2
Canzler	Johann George	Churf. Sächs. Oberrechnungsr.	An der Bürgerwiese
Casanova	Johann	Prof. u. Dir. der Akademie etc.	Hotel de Saxe
Casteli d.S.	Karl	Zeichenk.Beflissener b.d. Akad.	Kohlmarkt 21
Castelli d. V.	Christian Gottlob	Fresco-, Theater- u. Landsch.	Kohlmarkt 21
Cramer	Joh. Frdr. Heinrich	M., Diak. u. Nachmittagspred.	Kreuzkirche 544
Dachselt	Christian Gottlieb	Organist an der Frauenkirche	Schreibergasse 25
Darnstädt	Johann Adolph	Kupferstecher in Landschaft.	Contrescarpe 416
Daßdorf	Karl Wilhelm	Chrf. Sächs. Zweyter Bibliothk.	Am Markte 131
Deibel	Johann	Bildhauer	Königstraße 97
Demiani	Christian Gottlob	Doktor der Arzneywissenschaft	Am Altenmarkt 30
Demmler	Anton	Bildhauer	Pirnische G. 258
Dolst	Christian Gottlieb	Insp. des Churf. Sächs. Kupferk.	Am Wilsdr.Thore 4
Dreßler	kein Eintrag	Minaturmahler	Breite Gasse 198
Dumas	Jean Louis Alex.	Franz. Prediger d. ref. Gem.	Moritzstraße 752
Dunkel	Franz	Churf. Sächs. Kammermusikus	Königstraße 85
Dusler	Johann Daniel	Miniaturmahler	keine Angabe
Eigenwillig	Christian Heinrich	Rathsbau- u. Mauermeister	Kreutzgasse 527
Engelhardt	Karl August	Privatgelehrter	Schreibegasse 29
Exner	Christian Friedrich	Churf. Sä. Oberldbaumst. Prof.	Wiesenthore 10
Fechhelm d.S.	Karl Christian	Portraitm.in Pastell u. Miniatur	Zahnsgasse 101
Fechhelm d.V.	Christian Gottlob	Unterlehrer d. Zeichenk. Akd.	Zahnsgasse 101
Felge	Johann Ferdinand	Bildhauer	Contrescarp.339
Fessel	Johann Heinr. Ernst	Instrumentenmacher	Langegasse 284
Fleischmann	Johann Martin	Churf. Sächs. Landweinmeister	Rammische Gasse
Francke	Johann	Churf. Hofbettschr.,Minaturm.	Churf. Schlosse
Franke	Christian Adolph	Oberlandfeldmesser, Landbm.	Pirn. Gasse i.eig.H.
Friedrich	Johann Chrstn. Jakob	Landschaftsm. u.Kupferstecher	A. d.Wasserseite 48

Friedrich	Karoline Friderike	Demoiselle, Pens., Blumenm.	Ostraerstraße 36
Gareis	Franz	Mahler in Oel	Schlossgasse 330
Gebhard	Johann August	Hofkondukteur	Am Markte 174
Gebhard	Karl	Privatsekretär	Gr.Brüderg. 271
Gebhardt	Adam Gottlieb	Privatgelehrter	Wilsdruffer G.203
Gerresheim	Wilh. Frdr. Adolph	Arzneygelahrtheit, Leibarzt	Rhänitzgasse 93
Gestewitz	Friedrich Christoph	Musikmeister	Neumarkt 568
Geyer	Christian Friedrich	Prof. d. Gesch. u.Moral b. Pagen	A.d.Frauenkirche
Giesel	Johann Ludwig	Landschafts-, Frescomahler	Contrescarp. 417
Giesel	Johann August	Bauinspekt. des Prinzen Anton	Langegasse Przl. P.
Goebel	Johann Samuel	Churf. Sächs. Finanzsekretär	Pirn. Gasse
Gottschling	Paul Rudolph	Agent	Kl. Plauische Gasse
Götz	Gottfried Christian	Lieutenant von der Armee	Kl. Kirchgasse 444
Gräbner	Johann Gottfried	Instrumentenmacher	Hintergasse 637
Gräbner	Wilhelm	Instrumentenmacher	Hintergasse 637
Gräbner	Karl August	Instrumentenmacher	Langegasse 277
Graff	Anton	Churf. Sächs. Hofmahler	Altenmarkt 9
Gränicher	Samuel	Mahler	Pirn. Gasse 232
Gremly	Johann Peter	Steinmetzmeister	Contrescarp.196
Grenser	August	Hofinstrumentenmacher	Klostergasse 219
Grundig	Gottfried Immanuel	Churf. Sächs. Geh. Finanzsekr.	Seegasse 72
Grundmann	Jakob Friedrich	Hofinstrumentenmacher	Contrescarp. 417
Günther	Karl Gottlob	Hof- u. Justizienrath, Geh. Ref.	Pirn. Gasse 17
Günther	Christian August	Kupferstecher	Pirn. Gasse 275
Gutschmidt von	Christian Gotthelf	Freiherr, Geh. Kabinettsmin.	...
Hahmann	Christian Gottfried	Churf. Sächs. Kammerkond.	Kreutzgasse
Hahnemann	Johann David	Rechtskonsulent u. Notar	Wilsdruffer G. 229
Hasche	Johann Christian	M., Festungsbauprediger	Festungsbaukirche
Hase	Friedrich Traugott	Churf. Sächs. Geh. Sekretär	Pirn. Gasse 333
Hauptmann	Johann Gottlob	Churf. Sächs. Hofkondukteur	Frauengasse 464

Hauswald	August Wilhelm	Churf. Sächs. Geh. Archivreg.	Kreutzgasse 537
Haymann	Christoph Joh. Gtfd.	M., Rektor d. St. Annenschule	A.d. Annenkirche
Held	Johann Ehrenfried	Miniatur-, Porträt- u.Landschm.	Rhänitz Gasse 75
Heß	Karl Adolph Heinrich	Bataillenmahler	Schlossgasse 292
Heyn	Johann Christoph	Miniaturmahler	Am Elbberge 45
Höckner	Karl Wilhelm	Churf. Sächs. Kammermusikus	Kl.Schießgasse 701
Hohenthal von	Karl Anton Friedrich	Graf, Churf.Sächs.Geh.Finzrath.	Kreutzgasse,i. e. H.
Hohenthal von	Peter Karl Wilhelm	Graf, Regierungsassessor	Kreutzgasse,i. e. H.
Hölzer	Gottlob August	Churf. Sächs. Hofbaum. u. Prof.	Zahnsgasse 101
Holzmann	Karl Friedrich	Mahler und Kupferätzer	Neuegasse 70
Horn	Gottfried Joseph	Müller und Instrumentenm.	In Nickern
Horn	Johann Gottlob	Instrumentenmacher	Im Waisenhaus
Hungar	Johann Gottfried	Churf. Sächs. Vicelandrentm.	Frauenkirche 582
Hungar	Karl Ferdinand	Churf. Sächs. Finanzsekretär	in Liebtau, eig. H.
Hunt	Karl	Churf. Sächs. Kammermusikus	A.d. Weißeritz 759
Illing	Karl Christian	Lehrer der Arithm.u. Handelw.	Kreutzkirche 546
Jacobi	Friedrich Wilhelm	Instrumentenm. in Messing	An der Brücke 230
Johne	Christian Wilhelm	Herzgl. Kurl. Hofkondukteur	Breitegasse 68
Kayßer	Johann Christian	Orgelbauer u. Intrumentenm.	Königstraße 87
Keyl (Sohn)	Chrst. Karl Maxem.	Zeichenm. u. Kupferst.R. Akad.	Rhänitz Gasse 76
Keyl (Vater)	Michael	Zeichenm. u. Kupferst.R. Akad.	Rhänitz Gasse 76
Kind	Johann Adam Gottl.	D., Churf. Sächs. Apellationsr.	Seegasse 74
Kläbe	Joh. Gottlieb August	Buchhalter i.d.Hilsch. Buchhdl.	Rammische G. 206
Klaß	Friedrich Christian	Landschaftsm.u. Pagenzeichm.	Frauenkirche
Klengel	Johann Christian	Mitglied der Akademie	Moritzstraße 754
Klinger	Johann Gottlob	Fresco- u. Dekorationsmahler	Wasserseite 43
Klinsky	Johann Gottfried	Architekt	gr.Schießg. 716
Köhler	Johann Gottfried	Inspekt. mathem. Salons	Rammische G.661
Körner	Christian Gottfried	Dr., Churf. Sä. Appellationsrath	Königstraße 79
Krüger	Ephraim Gottlob	Kupferstecher in Geschichte	Altenmarkt 7

Krüger jun.	Christian Joseph	Churf. Sä. zweyter Münzgraveur	Klepperstalle i.e.H.
Krüger sen.	Friedrich Heinrich	Churf. Sä. erster Münzgraveur	Frauenkirche i.d.M.
Langbein	August Frdr. Ernst	Churf. Sächs. Geh. Archivskanzl.	Breitegasse 53
Laurin	Heinrich Friedrich	Kupferstecher in Landschaften	Trompeterschl.449
Lehmann	Gotthelf David	Instrumentenmacher	Pirn. Gasse 257
Lehmann	Johann Gottlob	des Predigeramtes Kandidat	Rhänitz-Gasse 83
Leonhardi d. S.	Gottfried Wilhelm	Churf. Sächs. Oberkanonier	Moritzstraße 753
Leonhardi d. V.	Johann Gottfried	Churf. Sä. Hofrath u. Leibarzt	Moritzstraße753
Leypold d.S.	Karl Augst. Siegfried	Steinschneider, Graveur ...	Am See 562
Leypold d. V.	Karl Gottlob	Churf. Sä. Finanzstempelschn.	Am See 562
Lingke	Johann August	Unterlehrer d. frey.Handzeichg.	Pirn. Gasse 234
Lipsius	Johann Gottfried	M., Sekretär der Churf. Biblth.	Wilsdruffer G. 228
Lohdius	Karl Friedrich	M., Diakonus u. Freytagspredg.	Moritzstraße 767
Luther	Karl Friedrich	Churf. Sächs. Oberfeuerwerker	Kasernen, Flügel A
Malherbe	Isaak Heinrich	Premierlieut. Churf. Sä. Artill.	Casernen, Flügel A
Mathäi	Johann Gottlob	Inspektor der Gypsantikengal.	Töpfergasse 586
Merkel	Dankegott Imman.	Privatgelehrter	A.d. Kirche 6
Mietzsch	Christian Gottlob	Erster Unterlehrer an der Akad.	Brühlschen Garten
Miksch	Johann	Churf. Sächs. Kammermusikus	Lochgasse 445
Milhauser	Karl August	Faktor in der Churf. Hofbuchdr.	Kl.Schießgasse 696
Milhauser	Johann August	Sekretär bey der Churf. Biblth.	Webergasse 145
Mitsching	Ernst Gottlob	Franz. Sprachmeister	Rammische G. 656
Morasch	Christian Gottfried	Miniatur- u. Emaillemahler	Neuegasse 172
Müller	Christian David	Churf. Sächs. Hofmahler	Im Prinzl. Palais
Nachtigall	Frdr. Sigmund Aug.	Historienzeichner in Sepia	Pirn. Gasse 336
Naumann	Johann Amadeus	Churf. Sächs. Kapellmeister	Contrescarp. 29
Neuber	Johann Christian	Hofjuwelier	Seegasse 42
Neumann	Leopold	Churf. Sä. Oberkriegskomm.	Schloßgasse 322
Olpe	Christian Friedrich	M., Rektor an der Kreutzsch.	A.d. Kreutzkirche
Opitz	Johann Adolph	Silhoutteur	Webergasse 118

Paldamus	Friedrich Christian	Deutscher Prediger ref.Gem.	Pirn. Gasse 331
Panße	Johann Gottfried	Churf. Sä. Landbauschreiber	Kälbergasse 440
Pechwell	August	zweyter Insp. d. kurf. Bilderg.	Töpfergasse 584
Pettrich	Franz	Holzbildhauer	Rammische G.211
Pezold	Johann Nathanael	D., der Arzneygelahrtheit Dokt.	Seegasse 70
Philipp	Johann Christian	Kauf- u. Handelsmann	Pirn. Gasse 689
Plarr	August Theodor	Musikus	gr.Schießgasse 710
Plarr	Gottlieb Immanuel	Churf.Sä.Appellations-Ger.Ka.	Obergraben 112
Plesch	Joh.Ernst Constantin	Zeichenmeister	Moritzstraße 755
Pochmann	Traugott Lebrecht	Portrait- u. Historienmahler	Altemarkt 8
Pohl	Johann Ehrenfried	D., Churf. Sä.Hofrath u.Leibarzt	Altemarkt 149
Pölitz	Karl Heinrich Ludwig	Prof. d. Moral und Geschichte	Breitegasse
Pötsch	Christian Gottlieb	Concierge b. d.Churf. Nationalg.	Contrescarp. 49
Probst	Johann Gotthilf	Lehrer am Freymaurerinstitut	Am Markte 169
Racknitz	Joseph Friedrich	Freiherr zu, Churf. Sä.Hausm.	Gr.Meißnergasse
Raschig	Christian Ehregott	M., Churf. Sä. Oberkonsistrath.	Wilsdruffer G.197
Rasp	Karl Gottlob	Kupferstecher	Contrescarp. 195
Reinhard	Franz Volkmar	Churf. Sä. Oberhofpr., Kirchenr.	Gr.Brüdergasse
Reinow	Wilhelmina	Demois. d. Aelt., Zeichnerinn	Rhänitz-Gasse 126
Reutter	Gottlob Sigismund	Oberthierarzt u. zw. Lehrer ...	Thierarzneyschule
Richter	George Karl	Assessor d. Kammereien-Dep.	Pirn. Gasse 737
Riedel d.S.	Anton Heinrich	Mahler	ital. Dörfchen 19
Riedel d.V.	Anton	Inspekt.d.Churf. Sä. Bildergal.	ital. Dörfchen 19
Riem	Johann	Churf. Sächs. Kommissiosrath	Zahnsgasse78
Röber	Friedrich August	D., Stadtphysikus u. Doktor d. ...	Escarp., Enz. Hause
Roßberg	Christian Gottlob	Churf. Sächs. Geh. Registrator	Moritzstraße 758
Rossi	Christian	Kupferstecher in Gesch.u.Port.	im ital. Dörfchen 9
Rothe	Konrad Gotthelf	Churf. Sächs. Hofkondukteur	Frauengasse 392
Rüger	Karl Konrad	Churf. Sächs. Regierungssekr.	Am Jägerhofe 221
Runkel von	Dorothee Henriette	Frau von, verw. Obristenlieut.	Contrescarp. 192

Sauer	Karl Gottlob	Instrumentenmacher	Escarpe 29
Schade	Johann Daniel	Churf. Sächs. Hofkondukteur	im ital. Dörfchen 24
Schäfer	Johann Gottfried	M., Rektor a.d.Neust. Stadtsch.	auf der Schule
Schelcher	Joh. Frdr. Adolph	Zeichenmeister	Pirn. Gasse 230
Schenau	Johann Eleazar	Prof.u.Dir. d.Akadem.d.Kü.	Altemarkt 10
Schlenkert	Friedrich Christian	Churf. Sächs. Finanzsekretär	gr. Plauische G. 486
Schmidt	Johann Gottfried	Kupferstecher i.Portr.u.Gesch.	am Jüdenteiche392
Schmidt d.S.	Heinrich Friedrich	Porträtmahler in Oel u. Past.	am Elbberge 45
Schmidt d.V.	Johann Heinrich	Churf. Sächs. Hofmahler	am Elbberge 45
Schönheit	Karl Simon	Churf. Sächs. Hofkondukteur	Churf. Mühlenhofe
Schreyer	Christian Heinrich	Kandidat der Theologie	Fischersdorf
Schubert	Joseph	Churf. Sächs. Kammermusikus	a. d. Frauenk. 633
Schulze	keine Angabe	Landschaftsmahler	an der Kirche 6
Schulze	Christian Gottfried	Prof. der Kupferstecherkunst	Escarpe 11
Schumann	Johann Gottlob	Landschaftsmahler	an der Kirche 6
Schuricht	Johann Friedrich	Churf. Sächs. Hofkondukteur	Neuegasse 161
Schuster	Joseph	Churf. Sächs. Kapellmeister	...
Schwartz	Johann Wilhelm	Kirchner an der Frauenkirche	a.d. Frauenkirche
Schwarz	Joseph	Bildhauer	Ramm. Gasse 211
Schwarz	Johann Nicolaus	Doktor der Rechte	Schlossgasse 336
Seiffert	Johann Gottfried	Kupferstecher	Pirn. Gasse 275
Senf	Friedrich Traugott	Miniaturmahler in Porträts	Rhänitz-Gasse 83
Seydelmann	Jakob Crescentius	Prof. der bildenden Künste	Frauengasse 387
Seydelmann	Franz	Churf. Sächs. Kapellmeister	Moritzstraße 761
Seyffart	Christian Michael	Kaufmann	Zahnsgasse 103
Skerl	Friedrich Wilhelm	Porträtmahler	Neuegasse 172
Sollbrig	Johann Gottlob	Miniaturmahler u. Silhouetteur	auf der Sande
Speck	Chrst. Gottl. August	Architekt	am Joh.Kirchhofe
Sprink	Christian Friedrich	Kupferstecher	am Jüdenteiche394
Stölzel	Christian Friedrich	Mitgl.d.Akad., Kupferstecher	Obergraben 112

Tettelbach Gottfried Benjamin	Churf.Sä.	Hofsteinschneider	Brückenstraße 8
Teubern von	H. E.	Churf.Sä.Hofrath u. Geh. Refer.	Seegasse 74
Theil	Johann Benedict	Prof.d.Akad.u.theat. Hofmahler	Ostraer Allee
Thiele	Joh. Frdr. Alexander	Landschaftsmahler	Pirn. Gasse 330
Thormeyer	Gottlob Friedrich	Architekt	Borngasse 380
Titius	Karl Heinrich	Doktor d.Arzneygel., Insp. d...	Pirn. Gasse 235
Tittmann	Karl Christian	Dokt.Oberkonsistr. Superint.	a.d. Kreutzkirche
Toscani	Cajetan	Unterlehrer a. d. Akad. Zeichn.	Töpfergasse 580
Transchel	Christoph	Klaviermeister	Kirchgasse 425
Trautschen von	Thomas K. Heinrich	Obristlieutenant u. Platzmajor	a.d. Hauptwacht
Treitschke	Karl Friedrich	Churf. Sä.Wirkl.Hof- u. Justizr.	...
Treubluth	Johann Friedrich	Hof-Orgel u. Instrumentenm.	Kohlmarkt
Uhlemann	Chrst. Frdr. Traugott	Kupferstecher in Geschichte	Friesengasse 726
Vaupel	Johann Christian	M., Waisenhausprediger	im Waisenhause
Veith	Johann Philipp	Kupferstecher in Landschaften	Rhänitz-Gasse 78
Venzky	K. Rudph. August	Churf. Sä. Hoforgelm. Adjunkt.	...
Verlohren	Wilhelm Traugott	Churf. Sächs. Landbauschr.	Lochgasse 421
Wagener	Friedrich Erhard	Porträtmahler in Pastell u.Oel	Contrescarp. 195
Wagner	Christian Salomon	Instrumentenmacher	Contrescarp. 9
Wagner von, d.S.	Thomas	Churf. Sächs. Geh. Finanzrath	Escarpe 30
Wagner von, d. V.	Andreas	Churf. Sächs. Geh. Finanzrath	Escarpe 30
Walther	Konrad Salomon	Hofbuchhändler u. Hofbuchdr.	Frauengasse
Watzdorf von	NN	Lieutenant d. Regim. von Lindt	Moritzstraße 754
Weidmüller	Johanne Elisabeth	Madame, Blumenmahlerin, ...	Ramm. Gasse 663
Weinert	Karl Friedrich	General-Accisbaudirektor	gr.Meißner Gasse 5
Weinlig	Christian Traugott	Churf. Sächs. Hofbaumeister	am Wiesenthore 10
Weinlig	Christian Ehregott	Kantor u. Musikdir.a.d.Kreutzk.	Schulgasse
Wiese von	Chrst. Ludwig Gustav	Freiherr, Churf. Sä.Geh. Rath	...
Winkler	Gottfried	Dr. d. Philosophie, Archidiak.	...
Winkler	George Friedrich	Churf. Sä. Hofmasch.Theater-	...

Witschel	Johann Ephraim	Churf. Sä. Finanz- u. Archivsekr.	Altenmarkte 33
Wolf	Nicolaus	Historienmahler	Pirn. Gasse
Zingg	Adrian	Churf. Sä. Hofkupferst. Mitgl.Ak.	Pirn. Gasse 227
Zschiedrich	Karl August	Churf. Sächs. Regierungskanz.	Seegasse 106
Zuckerbecker von	Carol.	Hofraths Wittwe	Räcknitzstraße 15

Ein Vergleich dieser Namen aus dem *Personenbuch 1796* mit denen, die in den **Adressbüchern 1797/1799** enthalten sind, ergibt einige „Unterschiede", die wahrscheinlich durch das Datum der Erfassung, die evtl. Wohnorte außerhalb in den damaligen Vorstädten, aber sicherlich auch durch *Fehler* entstanden sind.

6.3 „Personenbuch 1918" von Adolf Hantzsch

„Hervorragende Persönlichkeiten in Dresden und ihre Wohnungen" von Adolf Hantzsch/1918.

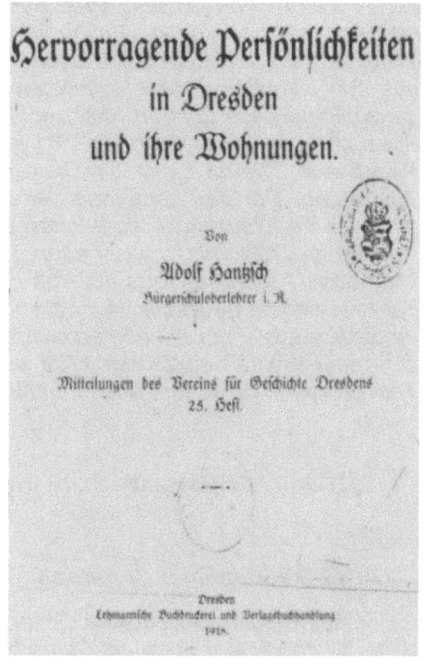

Auch dieses Buch enthält die Namen, Titel bzw. Beruf sowie auch biographische Angaben von Persönlichkeiten.

In dem Heft 25 als Mitteilungen des *Vereins für Dresdner Geschichte* sind insgesamt **172 Personen** auf 192 Seiten aufgeführt, die in Dresden **wohnten,** sich dort zeitweise bzw. **auf Besuch** oder auch auf der **Durchreise aufgehalten haben.**

Zu den darin aufgeführten Personen ist wieder jeweils eine *Kurzbiographie* beigefügt, beginnend mit dem berühmten **Dr. Martin Luther**, mit Nr. 1 (*1485 + 1546), Besuche in Dresden in den

Jahren 1510, 1516 und 1517 bis zum Herrn **von Zinzendorff**, Nr. 172. Dieses Buch von Adolf Hantzsch fand u. a. auch seine Würdigung in den > „Dresdner Geschichtsblättern 1918 Nr.1, Seite 110 [6)]:

„... Nach Abschluß seines Straßen-Namensbuches im Jahre 1905 erhielt Oberlehrer Hantzsch vom damaligen Vorsitzenden, jetzt Ehrenvorsitzenden des Vereins, Professor Dr. Otto Richter die Anerkennung zur Bearbeitung des neuen vorliegenden Buches und wurde bei seiner Bearbeitung durch den damaligen Vereins-Schriftführer Dr. Georg Beutel wesentlich unterstützt. Wie der Verfasser in seinem Vorwort sagt, sind Persönlichkeiten, die man in diesem Buche sucht, wie Melanchton, Lessing, Mozart und andere, von denen aber keine bestimmten Wohnungsangaben überliefert sind, darin nicht aufgenommen ... „

Hier noch ein Auszug aus dem „Vorwort" des Autors Adolph Hantzsch zu einer seiner Quellen und den dabei erkannten Problemen, die auch uns heute noch als die gleichen *Probleme* insbes. den Ahnenforschern so bekannt sind:

„... Zu den von mir benutzten Kirchenzettelbüchern machen sich ebenfalls einige Bemerkungen nötig. Auf Anordnung des Rates mußten ihm seit dem Jahre 1700 von den Kirchnern der Dresdner Gotteshäuser kurzgefaßte Wochenauszüge aus den Kirchenbüchern eingeliefert werden. Der Kreuzkirchner benutzte dazu ganze Bogen, die übrigen Kirchner Zettel von verschiedener Größe. Von diesen Auszügen vereinigte man bis 1761 je zwei Jahrgänge, dann nur einen in einem Pappbande. Die im Laufe der Jahre gesammelten Bände fanden im Ratsarchiv Aufstellung. Der Teil derselben der die im Jahre 1700 bis 1761 umfaßt, wurde 1862 an die Kreuzkirche abgetreten als bescheidener Ersatz für ihre bei der Beschießung 1760 vernichteten alten Tauf-, Trau- und Totenbücher etwa von der Mitte des 17. Jahrhunderts an. Von Nutzen sind mir lediglich die Aufzeichnungen der Kreuzkirche gewesen. Nur dort war es mir möglich, Wohnungen zu ermitteln, da die Kreuzkirchner bei den erwachsenen Verstorbenen der Altstadt von 1700 bis zur ersten Hälfte des Jahres 1756 wenigstens den Namen der Gasse in der der Tote gewohnt, dann aber auch den Namen seines Hauswirtes mit anführten ...“

1918 von Adolph Hantzsch, Nr.120 > Beispiel „**Kurzbiographie**" bzw. Vita für:

ADELUNG, Johann Christoph

Dieser berühmte deutsche Sprachforscher kam 1787 nach Dresden, wo er dann bis zu seinem Tode als Oberbibliothekar der kurfürstlichen Bibliothek wirkte.

Vorher war er ohne ein Amt zu bekleiden, weit über zwanzig Jahre in Leipzig auf verschiedenen wissenschaftlichen Gebieten schriftstellerisch erfolgreich tätig gewesen. Dort veröffentlichte A. seine Hauptwerke: ein grammatisches-kritisches Wörterbuch der hochdeutschen Mundart (1774 - 1786), die Grammatik der deutschen Sprache (1782) und drei Jahre später eine Arbeit über den deutschen Stil. Goethe, der namentlich das Werk schätzte und fleißig benutzte, unterließ es nicht, bei seiner Anwesenheit in Dresden vom 28. – 30. Juli 1790 A. zu besuchen. Dieser setzt in unserer Stadt seine Sprachforschungen mit Eifer fort und schrieb hier auch sein letztes Werk, eine vierbändige allgemeine Sprachkunde, deren Drucklegung noch in seinem Todesjahre begann. Dagegen sind seine in Dresden entstandenen Arbeiten zur sächsischen Geschichte nicht mehr zur Veröffentlichung gelangt. A. ist es hauptsächlich zu verdanken, daß die seit 1786 im Japanischen Palais untergebrachte und von ihm verwaltete Bibliothek für wissenschaftliche Zwecke der öffentlichen Benutzung freigegeben wurde. Bisher hatten nur Mitglieder der höchsten Behörden sowie einige Gelehrte und Künstler Bücher entleihen dürfen.

Es ist wohl sehr wahrscheinlich, daß A. die im Adreßbuche von 1797 angegebene Wohnadresse in dem Gebäude Große Klostergasse 9, jetzt 12 (O.-Nr. 322) schon vor diesem Jahre innegehabt hatte. In diesem Hause ist er auch gestorben.

Zum Vergleich hier die „**Kurzbiographie**" zur gleichen Person > [**1796** von Kläbe]

ADELUNG, Johann Christoph

Churfürstl. Sächs. Hofrath und Oberbibliothekar zu Dresden, der Königl. Preuß. Academie der Wissenschaften zu Berlin, und versch. gelehrten Gesellschaften Mitglied, geboren den 30. August 1734 zu Dpantekow, unweit Anklam in Vor-Pommern, wo sein Vater M. Johann Paul Adelung Prediger war, studirte zuerst auf der Stadtschule Anklam, dann zu Klosterbergen bey Magdeburg und hierauf zu Halle; ward 1759 Professor an dem evangelischen Gymnasium zu Erfurt, legte aber diese Stelle 1761 wieder nieder, privatisirte hierauf von 1763 an zu Leipzig, bis er 1787 Churfürstl. Sächs. Hofrath und Ober-Bibliothekar zu Dresden ward. Daß er sich um unsere deutsche Sprache sehr verdient gemacht hat, darf ich wohl kaum erwähnen, da seine Schriften in diesem Fache allgemein bekannt sind.

Seine zahlreichen Schriften > siehe im IN oder bei WikiPedia[7], die auch heute noch für uns vor allem als wichtige Nachschlagewerke gelten, wobei dabei sein **Wörterbuch** an erster Stelle zu nennen wäre:

Mit dem »Wörterbuch der hochdeutschen Mundart« schuf **Johann Christoph Adelung** (1732-1806) das erste Großwörterbuch der deutschen Sprache. Das legendäre Nachschlagewerk, dessen erste Auflage zwischen 1774 und 1786 im Leipziger Verlag Breitkopf & Sohn erschien, beschreibt in rund 60.000 Artikeln detailliert die Herkunft, die Bedeutung und die Verwendung des deutschen Wort- und Sprachschatzes in der Mitte und am Ende des 18. Jahrhunderts und dokumentiert damit in einzigartiger Weise den Entwicklungsstand der Sprache am Beginn des klassischen Zeitalters der deutschen Literatur.

Zum Vergleich auch die Vita unter >
[hier ein Auszug von]

http://bsbndb.bsb.lrz-muenchen.de/sfz239.html

* 8.8.1732 Spantekow bei Anklam (Pommern), † 10.9.1806 Dresden (lutherisch) Genealogie | Leben | Werke | Literatur | Portraits | Autor | Zitierweise.

Genealogie ↑

*(Vater) **Johann Paul Adelung** (1703–59), Pfarrer in Spantekow und Boldekow (Pommern); (Mutter) Regina Sophia (1702–1782), T des Joachim Loeper (1668–1741), Pfarrer in Daberkow, und der Pfarrerstochter Sophia Juliana Rethe (1681–1738); Gvv Johann Paulus Adelung (1675–1705), Pfarrer in Schwanebeck (Mark); Gmv Margaretha, verwitwete Fritsche, T des Hofpredigers Wilhelm Barthold in Mömpelgard; B Paulus Adelung (1736–85), preußischer Oberfeldapotheker in Stettin; ledig; N Friedrich Georg von Adelung (s. 1).*

Leben ↑

Adelung war eigenwillig, zu Vielem begabt, von unendlichem und rastlosem Fleiß und nimmermüder Sammeltätigkeit auf allen Gebieten, die in Leben oder Beruf in sein Blickfeld traten, ein Gelehrter, aber kein eigentlich schöpferischer

Geist oder Forscher, jahrzehntelang in wirtschaftlich bedrängter Lage, eine Zeit-
lang Korrektor, in freier schriftstellerischer und publizistischer Tätigkeit, mit dem
sicheren Blick auf das „Zeitgemäße", endlich in angesehener staatlicher Stellung
– und doch schon zu seinen Lebzeiten trotz allen Ehrungen und Anerkennungen
von den wissenschaftlichen und allgemeinbewegenden Erkenntnissen überholt. –
Sein Leben verlief nach dem Besuch der Stadtschule zu Anklam und Klosterbergen
bei Magdeburg zunächst in den üblichen Bahnen des Studiums der Theologie
(unter S. J. Baumgarten) an der Universität Halle (1752-57/58), wohl auch des
Hofmeisters und Schulmannes (1759 in Erfurt am Gymnasium), dann eines her-
zoglichen Bibliothekars zu Gotha. Die entscheidende Wendung brachten der
Aufenthalt in Leipzig, wo er dem Verleger Breitkopf nahetrat, und einige Jahre
später die Berufung als Hofrat und Oberbibliothekar an die Kurfürstliche Biblio-
thek zu Dresden (1787), wo er sich erfolgreich um Katalog und Vermehrung der
Bücherbestände bemühte, dabei in seinem eigenen Bereich von Veröffentlichung
zu Veröffentlichung fortschritt, an alten und neuen Verpflichtungen arbeitend,
unentwegt bis zu seinem Tod. Aus der überreichen Zahl seiner Veröffentlichun-
gen heben sich einige Bereiche heraus: Übersetzung und Zeitbedingtes, und be-
deutsamer noch heute: Sprache und Geschichte. – Die Not des Lebens und doch
auch eine gewisse Veranlagung ließen Adelung schon früh der Übersetzertätig-
keit aus den Neueren Sprachen und rascher Veröffentlichung der Zeitgeschichte,
fast wahllos, sich zuwenden, die über vielfältige Rezensententätigkeit und viele
Umwege in Leipzig zur Schriftleitung der „Leipziger Zeitungen" (1769-87) führten.
Adelungs Bemühungen um die deutsche Sprache gipfeln im Wörterbuch, das ihm
der Verleger Breitkopf antrug. Im Wörterbuch, das er nach seinen eigenen Plänen
gestaltete und in dem er die Anordnung des einzelnen Stichworts sorgsam glie-
derte, in der Darstellung des Wortgutes, dessen Aufbau mit seinen Vorstellungen
von der Entwicklung der Kultur übereinstimmt, in den ausgewählten Beispielen,
hat er sich zwei Aufgaben gestellt: er unternimmt es, zu historischer Sprachbe-
trachtung ein wissenschaftliches Wörterbuch zu schaffen, die Etymologie (nach J.
G. Wachter, J. L. Frisch und F. K. Fulda) und vor allem die Bedeutung und den
Anwendungsbereich des Wortes darzulegen. Zugleich will er, wie auch in seinen
grammatischen Schriften, richtige Sprache und damit richtigen Stil lehren. Er
verteidigt die Einheit der Schriftsprache. Das Meißnische Deutsch, das Obersäch-
sische seiner Zeit wird über alle volkssprachliche und mundartliche Prägung
deutscher Landschaften hinaus zum Muster der schriftsprachlichen Form erho-
ben, damit als bleibend festgelegt. Und dann gilt ihm die literarische Zeitspanne
von 1740-60 – vorab Gellert – als Höhepunkt des deutschen Schönen Schrifttums,
der erhalten werden soll. So wurde Adelung – am Ausgang eines Zeitalters, in
dem Gottsched unbedingt herrschte, dem er auch in vielem gleicht – mit seinen

regelnden Absichten ein starrer Verfechter einer bestimmten Sprach- und Litera-
turform. – Und hier mußte er am ehesten und zwangsläufig überwunden werden
von einem jüngeren und voranstürmenden Geschlecht, das den unbeugsamen
Regeln der Grammatik, der unbedingten Herrschaft der Hochsprache einer Land-
schaft und einem darin festgelegten Wortbestand absagte, das eifrig war, Wort-
gut aus älteren Sprachstufen und aus den Mundarten wieder literaturfähig wer-
den zu lassen. Aber auch die Bedächtigen lehnten ihn ab ...

Nachfolgend die **172 Namen/Personen/Beruf** gem. Buch von
A. Hantzsch/**1918** > in Verbindung mit der Residenzstadt Dresden [die **Adresse
des Aufenthaltes oder Wohnung im Original,** hier zur besseren Übersichtlichkeit
<u>nicht</u> enthalten]

1	Adelung	Johann Christoph	deutscher Sprachforscher, kurf. Oberbibliothekar
2	Alexander I.	Pewlowitsch	Kaiser von Rußland
3	Ammon von	Christoph Friedrich	Oberhofprediger > Wohnhaus
4	Arndt	Ernst Moritz	Freiheitsdichter
5	August Wilhelm, Herzog von Braunschw.	...	preuß. General
6	August Wilhelm	...	Prinz von Preußen, General
7	Bach	Johann Sebastian	Orgelspieler, Tonsetzer
8	Bach	Friedemann	Orgelspieler, Organist an der Sophienkirche
9	Bähr	George	Raths-Zimmermeister, Erbauer der Frauenkirche
10	Beichling von , Beuchling von, Graf	Wolfgang Dietrich	Großkanzler
11	Beneckendorff von	Ernst Ludwig	kurs. General
12	Berthier, Fürst	Alexander	franz. Marschall
13	Bessieres	Jean Baptist	franz. Marschall
14	Blücher von, Fürst von der Wallstadt	Gebhardt Leberecht	Feldherr in den Befreiungskriegen

15	Bödt de	Jean	General-Intendant d. Zivil-Festungs- und Mil.-Geb.
16	Bonaparte	Jerome	König von Westfalen
17	Böttger	Johann Friedrich	Erfinder des Porzellans
18	Brehme	Christian	Bürgermeister, Dichter
19	Brühl von, Graf	Heinrich	Premierminister
20	Bülow von, Baron	Friedrich Gotthard	Geh. Konferenzminister
21	Bünau von, Graf	Heinrich	Oberkonsistorialpräsident, Gelehrter
22	Casanova	Giovanni Baptist	Maler, Leiter der Kunstakademie
23	Caulincourt, Herzog von Vicenza	Armand Augustin Louis	franz. General
24	Chevalier de Saxe	Johann George	Generalfeldmarschall
25	Chiaveri	Gaetano	ital. Baumeister, Erbauer der kath. Hofkirche
26	Christian Carl Prinz zu Stbg.	...	österr. Feldmarschall
27	Cosell von, Graf	Friedrich August	General
28	Cosell von, Gräfin	Anna Constanze	geb. von Brockdorf
29	Crell	Nikolaus	Kanzler
30	Daßdorf	Karl Wilhelm	Bibliothekar
31	Daun von, Reichsgraf	Leopold Joseph	oesterreichischer General
32	Davout, Herzog von Auerstedt	Louis Nicolas	franz. Marschall
33	Dinglinger	Johann Melchior	Goldschmied, Hofjuwelier
34	Dinter	Gustav Friedrich	Konsistorial- und Schulrat
35	Donath	Gabriel Ambrosjus Hieronymus	Hofmaler
36	Duroc	Gerhard Christophe Michel	franz. Marschall
37	Durutte, Graf	Joseph Francois	franz. General
38	Ehrlich	Johann George	Kauf- /Handelsherr, Ratsherr
39	Erner	Christian Friedrich	Ober-Landbaudmeister
40	Ferdinand August	...	Prinz von Preußen, General

41	Ferdinand von Braun-schweig	...	Prinz, preuß. Generalleutnant
42	Flemming	Emanuel Gottlieb	Gründer der Blindenanstalt
43	Flemming von, Graf	Jakob Heinrich	Kabinettsmninister, Generalfeld-marschall
44	Friedrich II. der Große	...	König von Preußen
45	Friedrich Wilhelm I.	...	Prinz, erster König von Preußen 1713-1740
46	Friedrich Wilhelm III.	...	König von Preußen
47	Frierich Heinrich	Ludwig	Prinz von Preußen, General
48	Friesen von	Heinrich	Reichsfreiherr, Kanzler
49	Friesen von	Heinrich	Reichsfreiherr, Geheimrat
50	Friesen von	Karl	Präsident des Oberkonsistoriums
51	Friesen von, Graf	Heinrich Friedrich	General der Infanterie, Gouverneur v. Dresden
52	Füger	Kaspar	Kirchenliederdichter, Diakonus
53	Fürstenberg-Heiligenberg von	Anton Egon	Statthalter
54	Gersdorff von	Carl August	General, Kabinettsminister
55	Glasev Dr. jur.	Adam Friedrich	Geheim Archivar, Verf. Teutschen Reichsgesch.
56	Goethe von	Johann Wolfgang	Dichter
57	Göthe von, Freiherr	Eosander Johann Friedrich	Generalleutnant, Hofarchitekt
58	Graff	Anton	Bildnismaler
59	Graun	Karl Heinrich	Tondichter
60	Greser, auch Greyser	Daniel	Superintendent
61	Gutschmidt von	Christian Gotthelf	Rechtsgelehrter, Kabinettsminister
62	Hagedorn von	Christian Ludwig	Geh. Legationssekretär/Kunstakad.
63	Hahn	Hermann Joachim	Diakonus an der Kreuzkirche
64	Hasche	Johann Christian	Chronist, Festgsbgef.-Prediger
65	Hasse	Faustina	geb. Bordoni, Kammersängerin
66	Hasse	Johann Adolf	Tonsetzer, Oberkapellmeister

67	Hebenstreit	Panatleon	Klavier- und Violinenspieler
68	Heinichen	Johann David	Hofkapellmeister
69	Hennike	Johann Christian	Vertrauter Brühls
70	Herzog Augustus	...	...
71	Hiller Hüller	Johann Adam	Thomaskantor in Leipzig, Kreuz-schüler
72	Hoe von Hoenegg	Mathias	Oberhofprediger > Wohnhaus
73	Holzer	Gottlieb August	Hofbaumeister
74	Homilius	Gottfried August	Kreuzkantor
75	Hoym von	Ludwig Gebhardt	Reichsfreiherr, Kurf. Kammerdirek-tor
76	Hoym von, Graf	Carl Heinrich	Kabinettsminister
77	Imhoff von	Anton Albrecht	Kammerpräsinent
78	Kaaz	Karl Ludwig	Landschaftsmaler
79	Karl	Albert	Kurfürst von Bayern, Deutscher Kaiser Karl VII.
80	Karl, Markgraf von Bran-denburg	Friedrich Albrecht	preuß. General
81	Keith von	Jakob	preußischer Feldmarschall
82	Kleist von	Heinrich	Romantiker, Dichter
83	Klettenberg von, Baron	Johann Hektor	Goldmacher
84	Knoch	Hans Ernst	Präsident des Oberkonsistoriums
85	Knöffel	Johann Christoph	Opern...
86	Knöffler	Gottfried	Bildhauer, Professor der Kunstaka-demie
87	Königsmark von, Gräfin	Maria Anrora	Gräfin
88	Körner	Chrsitian Gottfried	Oberkonsistorialrat, Freund Schil-lers
89	Krubsazius	Friedrich August	Ober-Landbaudmeister
90	Kügelgen von	Franz Gerhard	Bildnismaler
91	Landon von, Freiherr	Gedeon Ernst	österr. Generalfeldmarschall
92	Langbein	August Friedrich Ernst	Rechtsanwalt, Dichter

93	Lefebre (Lefebvre)	Francois Josephe	franz. Marschall
94	Leo XII.	...	Papst
95	Leopold Fürst v. Anh.-Dess.	...	Heerführer Friedrich des Großen
96	Longuelune	Zacharias	Ober-Landbaumeister
97	Löscher	Valentin Ernst	Superintendent
98	Löwendahl von, Baron	Woldemar	Kabinettsminister
99	Lubomirska von	Ursula Katharina	Fürstin von Teschen
100	Luther	Martin Gottlob	Rechtsanwalt
101	Luther D.	Martin	Reformator, Besuche in Dresden in den Jahren 1510, 1516 und 1517
102	Luther Dr. med.	Paulus	fürstlicher Leibarzt
103	Lützelburg von, Reichsgraf	Anton	General der Kav., Kabinettsminister
104	Magdakene	Sybille	2.Gattin Johann Georg I.
105	Marcolini, Graf	Camillo	Oberkammerherr
106	Maret, Herzog von Bassano	Hugues Bernard	franz. Minister
107	Marperger	Bernhard Walther	Oberhofprediger > Wohnhaus
108	Marschall von	Ernst Dietrich	Kammerpräsinent
109	Mattielli	Lorenzo	Hofholzbildhauer
110	Mengs	Ismael	Hofmaler
111	Mengs	Anton Rafael	Hofmaler
112	Mirus	Martin	Oberhofprediger > Wohnhaus
113	Mordeisen von	Ulrich	Kanzler
114	Moritz Fürst von Anahlt-Dessau	...	preuß. Feldmarschall
115	Mosczynska, Gräfin	Friederike Alexandrine	geb. Gräfin Cosell
116	Murat, König von Neapel	Joachim	franz. Reitergeneral
117	Napoleon I.	Bonaparte	franz. Kaiser
118	Naumann	Johann Gottlieb	Hofkapellmeister
119	Neitschütz von , Neitzschütz von	Ursula Margarete	geb. von Haugwitz

120	Neitschütz von , Neitzschütz von	Magdalene Sybille	Reichsgräfin von Rochlitz
121	Neuber	Karoline Friederike	geb. Weißborn, Schauspielerin
122	Nicolai	Carl Heinrich	Direktor des Friedrichstädter Lehrerseminars
123	Nossem	Giovanni Maria	Hofarchitekt und Bildhauer
124	Oeser	Adam Friedrich	Radierer und Kupferstecher
125	Permoser	Balthasar	Hofbildhauer
126	Peter der Große	...	Zar von Rußland
127	Pflug von, Pflugk von, Graf	August Ferdinand	Oberhofmarschall, Wirkl. Geheimrath
128	Piccolomini	Octavio	Herzog von Almaff, Generalleutnant
129	Pisendel	Johann George	Violinist, kurf. Konzertmeister
130	Pöppelmann	Matthäus Daniel	Ober-Landbaumeister
131	Quantz	Johann Joachim	Flötist der Hofkapelle
132	Rabener	Gottlieb Wilhelm	Satiriker
133	Racknitz von, Freiherr	Friedrich Joseph	Kunstforscher, Hof- und Hausmarschall
134	Reck von der, Freiherr	Eberh. Frdr. Chrph.	preuß. Generalgouverneur
135	Reinhard	Franz Volkmar	Oberhofprediger > Wohnhaus
136	Repnin-Wolkonski	Nic. Grigoriewitsch	russ. Gouverneur
137	Reynier, Graf	Jean Louis Ebenezer	franz. General
138	Richter von	George Carl	Landesökonomie-Deput.-Ass.
139	Rutowski von, Graf	Friedrich August	Generalfeldmarschall
140	Schenau	Johann Eleazar	Direktor der Kunstakademie
141	Schiller von	Joh. Chrstph. Frdr.	Dichter
142	Schmidt	Johann George	Ratsbaumeister
143	Schopenhauer, Dr.	Arthur	Philosoph
144	Schöttgen	Christian	Kreuzschulrektor
145	Schubert von	Gotthilf Heinrich	Naturforscher
146	Schulenburg von der, Graf	Johann Mathias	General

147	Schulenburg von der, Graf	Lewin Rudolph	preuß. General
148	Schütz	Heinrich	Hofkapellmeister
149	Seidler	Louise	Weimarische Hofmalerin
150	Silbermann	Gottfried	kurfürstlicher Hoforgelbauer
151	Silvestre de	Louis	Ober-Hofmaler
152	Soult, Herzog von Dalmati-en	Nicolas Jean de Dieu	franz. Marschall
153	Spener	Philipp Jakob	Oberhofprediger > Wohnhaus
154	Stuttenheim von	Johann Friedrich	preuß. Generalleutnant
155	Sulkowski, Graf	Alaexander Joseph	General, Kabinettsminister
156	Talleyrand-Perigord, Fürst	Charles Maurice	franz. Minister
157	Thiele	Johann Alexander	Hof- und Prospektenmaler
158	Tschirnhaus	Ehrenfried Walter	Mathematiker und Philosoph
159	Vitzthum von Eckstädt, Graf	Friedrich	Kabinettsminister
160	Vogel	Andreas	Hofmaler
161	Wackerbarth von, Graf	August Christoph	Generalfeldmarschall, Geh. Kabinettsminister
162	Wackerbarth von, Graf	Joseph Anton	Staatsmann
163	Wagner	Johann Gottlob	Klavierbauer
164	Wartenberg von, Graf	Friedrich Wilhelm	preuß. Generalleutnant
165	Weck	Anton	Geheimsekretär, Chronist Dresdens
166	Weinlig	Christian Traugott	Ober-Landbaudmeister
167	Weiß	Sylvius Leopold	Lautenspieler, Kammermusikus
168	Werner	Abraham Gottlob	Bergrat
169	Winkelmann	Johann Joachim	Kunstgelehrter
170	Zelenka	Johann Dismes	Kontrabassist, Leiter d. Hofkapelle
171	Zingg	Adrian	Kupferstecher
172	Zinzendorff von	Nikolaus Ludwig	Gründer d. Herrnhuter Bruderuni-tät

> **Graf Nikolaus Ludwig von Zinzendorf, Dichter** (1700-1760)

http://de.wikipedia.org/wiki/Zinzendorf

Zeitweiser Aufenthalt bzw. Wohnsitz in Dresden > *An der langen Gasse*, (umbenannt 1892 in Zinzendorfstraße), vorwiegend in den Sommermonaten. Besitzer von dortigen 2 Grundstücken. Die Zinzendorfs sind eines der ältesten Herrenstandsgeschlechter in Niederösterreich, wie auch im Lande ob der Enns. Es gehörte zu jenen zwölf alten Geschlechtern, welche im Land die zwölf Apostel genannt zu werden pflegten und die nach einer alten Tradition die erste Landherrentafel in Nieder Österreich errichtet haben sollen.

7. Die Geschichte Dresdens und die Adressbücher

In den vier Jahrzehnten von 1830 bis 1870 haben sich die Stadt Dresden wie auch ganz Sachsen wesentlich verändert. Aus der Beschaulichkeit biedermeierlicher Geselligkeit, die deutschlandweit sprichwörtlich war, wurden 1830 die

Menschen durch die revolutionären Ereignisse von 1830/1831 ebenso herausgerissen wie durch die wirtschaftliche und technische Entwicklung, die mit Riesenschritten vorankam. Das bestimmte die gesellschaftlichen und kulturellen Veränderungen in der Stadt. In den Dreißiger- und Vierzigerjahren wandelte sich dieses Bild grundlegend. In den Jahren des Vormärz' und in den Monaten der bürgerlich-demokratischen Revolution erlebte die Stadt besondere Kulminationspunkte, die Dresden europaweit in das Blickfeld der Öffentlichkeit rückten. Der darin sich dokumentierende Wandel von Stadt und Bevölkerung spiegelt sich auch in den Adressbüchern wieder. So sind u. a. besonders auch nachfolgende „Ereignisse" bestimmend für diese Zeit:

1832 – Gesetz über die „Ablösungen" mit dem die Befreiung der Bauern von den Feudalleistungen (Frohn- und Dienstleistungen) für die Rittergutsbesitzer realisiert und damit aber auch die Leistungsfähigkeit der Landwirtschaft gesteigert wird.

1833/34 – Nach dem Beitritt von Sachsen-Weimar und Kurhessen zum Preußischen Zollverein war nun auch für Sachsen der Beitritt erforderlich.

1834 – Einführung der allgemeinen Wehrpflicht, allerdings noch mit Klauseln wie Loskauf vom Wehrdienst.

1834 – Gründung des Hauptstaatsarchivs in Dresden mit bedeutenden Auswirkungen auf die Landesgeschichte.

1835 – Indienststellung des ersten Dampfschiffs auf der Elbe zum Schleppen von Lastkähnen und dann 1836 die Gründung der Elbe-Dampfschifffahrts-Gesellschaft.

1835 – Verordnung zur Gliederung Sachsens in die 4 Kreise > Dresden, Leipzig, Zwickau und Bautzen.

Dresden im zweiten Drittel des 19. Jahrhunderts, Zentrum des politischen Geschehens im Lande

Von Reiner Groß

[Geschichte der Stadt Dresden Band 2, Seiten 527/528; 535]

REVOLUTIONÄRE UNRUHEN UND REFORMERISCHE UMGESTALTUNG

Vorboten von Veränderungen

... Als am 5. Mai 1827 König Friedrich August I. im Alter von 77 Jahren in Dresden starb, ging für Sachsen symbolhaft das überholte Ancien Regime zu Ende. Starres Rechtsempfinden und ein den gesellschaftlichen Erfordernissen entrückter politischer Konservatismus hatten jede öffentliche Oppositionsbewegung erstickt. Deshalb hoffte man nach des Königs Tod »auf einen frischen Zug in der Regierungspraxis für die Zeit nach seiner von so vielen Wechselfällen begleiteten Regierung«.[7] Zur allgemeinen Enttäuschung übernahm aber nicht der älteste Neffe des verstorbenen Königs die Regierung, sondern sein ebenfalls über siebzig Jahre alter Bruder Anton. Dieser ließ denn auch »alles beim Alten«. So war es fast folgerichtig, dass sich bald vielfältige gesellschaftliche Kräfte regten, die grundlegende Veränderungen anstrebten.

Manche Einrichtung trat namentlich in Dresden ins Leben, die das bürgerliche Zeitalter in Sachsen endgültig ankündigte. Jüngere, befähigte Beamte, die, intelligent und sachkundig, die Reformbedürftigkeit des sächsischen Staatswesens erkannten, gewannen an Einfluss. Sie konzentrierten sich in den in Dresden ansässigen Zentralbehörden. Viele die bürgerliche Umwälzung in liberalem Sinne beeinflussende Kräfte wurden wirksam. So müssen Bernhard August von **Lindenau**, *Johann Adolf von* **Zezschwitz** *und Hans Georg von* **Carlowitz** *ebenso genannt werden wie Julius Traugott Jacob von* **Könneritz**, *Karl Friedrich* **Schaarschmidt** *und Karl Gustav* **Grüner**.

> ➤ **dazu im Adressbuch 1831** in Dresden: > (die oben genannten Personen)

Dresden	1831	**Lindenau von**	Bernhard A.	Kabinettsminister,	Staatssecretär
	Neustadt	Klostergasse 225			

Dresden	1831 Kammer	**Zezschwitz von** Moritzstraße 755	Johann Adolph	Confer. Minister, Präsid. D.Kr.Verw.
Dresden	1831 Neustadt	**Carlowitz von** Hauptstraße 139	Hanns Gr.	Geheimer Rath
Dresden	1831 Dresden	**Könneritz von** Moritzstraße 758	J.Tr.	Canzler, Geheimrath
Dresden	1831 Seevst.	**Schaarschmidt** am See 72	C.Fr.	Referendar geh.
Dresden	1831 Neustadt	**Grüner** Hauptstraße 140	C.G.A.	Justizrath

Bürgerverein und Bernhard Moßdorf

Nach dem 4. Dezember 1830 vergingen nur wenige Tage, bis sich einige Nationalgardisten auf einer Zusammenkunft außerhalb der Stadt trafen. Ihr Hauptanliegen bestand in der Beratung der Schritte, die nach der Auflösung einzuschlagen waren. Man einigte sich zunächst auf eine Petition an den König, zu deren Besprechung und Abfassung man sich künftig im Kaffeehaus Kreutz in der Schreibergasse am Altmarkt treffen wollte. Das war die Geburtsstunde des »Bürgervereins zu Dresden«. Zu den Gründungsmitgliedern gehörten Branntweinbrenner Petzold, Kaufmann Schramm, Nudelfabrikant Bertholdy, Advokat Moßdorf, Buchdruckereibesitzer Schulze, Holzvergolder Tempel, die Schneidermeister Kühn, Pauli, Petri, Petermann, Ballenberg und Drabitius, Fleischermeister Brückner, Steuerrevisor Miersch, Bäckermeister Krause und Schneidergeselle Kaden. Die Mitglieder des Bürgervereins kamen seit Januar 1831 regelmäßig im Kaffeehaus Kreutz am Dresdner Altmarkt zusammen. Sie verstanden sich als Interessenvertreter der Dresdner Bürgerschaft außerhalb der Kommunerepräsentanten. Das war nicht nur für die sächsische Residenz, sondern auch für alle anderen deutschen Städte etwas völlig Neues und Ungewöhnliches. So wurde Dresden mit dem Wirken des Bürgervereins, dessen geistiger Vater Bernhard Moßdorf war, die einzige deutsche Stadt, in der sich kleinbürgerliche Kräfte formierten, organisierten und der Oppositionsbewegung ein neues Gepräge gaben.

Auszug: *DRESDNER GESCHICHTSBUCH 13* Seite 80:

„... Auf Druck der sächsischen Regierung erklärte der Dresdner Stadtrat die Auflösung des Bürgervereins. Moßdorf las seine Verfassungsschrift im Kaffeehaus Kreutz vor. Der Staat schritt entschlossen ein: Das Cafe wurde geschlossen und mehrere Mitglieder des Bürgervereins in Gewahrsam genommen. Am 17. April befand sich die Stadt in Aufruhr. Die Trommler schlugen den Generalmarsch, die neu errichtete Kommunalgarde verhaftete Angehörige der Nationalgarde, die 1809 auf Befehl Napoleons (1769-1821) gegründet wurde und die auf Seiten der Demonstranten stand. ... Am 6. Juli wurden Moßdorf, Carl Theodor Eccarius und Heinrich Anton Bertoldy (1787-1833) abends von zwei Zivilpolizisten verhaftet, in Kutschen abgeführt und in die Garnision Dresden gebracht. Dort wurden alle vom Hofrat und späteren Innenminister Ferdinand Zschinsky (1797-1858) verhört. Moßdorf büßte für seine politische Arbeit und seinen Verfassungsentwurf mit fünf Jahren Festungshaft auf dem Königstein, wo er unter ungeklärten Umständen starb. Die sächsische Regierung aber ließ eine gemäßigte Verfassung erarbeiten, die das Königreich Sachsen am 4. September 1831 in eine konstitutionelle Monarchie unwandelte. ..."

> ➢ **dazu im Adressbuch 1831** in Dresden: > (die o. g. Namen/Beruf/Adresse)

1831	**Petzold**	F. August Obergraben 115	Branntweinbrenner	Neustadt
1831	**Schramm**	Carl August kleine Schießgasse 704	Kaufmann	...
1831	**Bertoldi**	Anton Ostraallee 38	Nudelmüller	...
1831	**Moßdorf**	Bernhardt Königstraße 97	Advocat	Neustadt
1831	**Schulze**	Carl Friedrich Gottlob Schössergasse 364	Buchdrucker	...
1831	**Tempel**	Johann Carl Waisenhausgasse 415	Lackirer	Seevorsdt.
1831	**Kühn**	Johann Friedrich kleine Schießgasse 694	Schneider	...
1831	**Kühn**	Friedrich Wilhelm Schreibergasse 30	Schneider	...
1831	**Pauli**	Friedrich August Kreuzgasse 524a	Schneider	...

1831	Petri	Johann August große Schießgasse	709	Schneider	...
1831	Petermann	Franz Zahnsgasse	105	Schneider	...
1831	Ballenberg	Benjamin Gottlob Wilsdruffer Gasse	228	Schneider	...
1831	Drabitius	Johann Karl Schloßgasse	341	Schneider	...
1831	Brückner	Carl Friedrich Anton Schießgasse	943	Fleischhauer	Wlsd.Vrst.
1831	Miersch	Johann Gottlieb am See	562	Schenkwirth,Hausb.	Seevorstd.
1831	Krause	Wilhelm Bautzner Straße	14	Platzbäcker	Neu. Anb.
1831	Krause	Johann Gotthilf Rampische Gasse	49	Bäcker	
1831	Krause	Christian Friedrich vor dem Falkenschlag	60	Bäcker	...
1831	Kaden	Friedrich Wilhelm an der Weiseritz	701	Mechanikus	Wlsd.Vrst.
1831	Kaden	Friedrich Breitegasse	59	Privatlehrer	...
1831	Kaden	Carl Eduard Elbberg	11	Zeichenlehrer	Pirn.Vrstdt
1831	Kaden	August Hundsgasse	765	Hofkutscher	Wlsd.Vrst.
1831	Kreutzkamm	Johann Gottlob Moritzstraße	744	Conditor	...

7.2. „Handwerk, Handel, Manufaktur und Fabrik" von Sieglinde Richter-Nickel

[Quelle: Geschichte der Stadt Dresden, Band 2, Seiten 356 – 369 > Auszug]

Fortbestand der Zunftverfassung

„... Beklagt wurden insbesondere *die Fesseln, die der gewerblichen Produktion durch die herkömmlichen Innungsprivilegien auferlegt waren*. Erwünscht war zugleich eine Lockerung des Zunftzwangs zugunsten der Manufakturen. Staatliche Maßnahmen galten in erster Linie dem Abstellen von Missbräuchen oder Missständen im Handwerk.

In der Generalverordnung vom 27. Nov. 1765:

„... Im Gegensatz zu diesen die Gewerbe betreffenden Gesetzen, die Dispositionen zur Abhilfe von Innungsbeschwerden trafen, erhielt das Handwerk mit dem Erlass der *General-Innungs-Artikel für Künstler, Professionisten und Handwerker hiesigen Lande* vom 8. Jan. 1780 eine Landesgesetzgebung, die den veränderten Verhältnissen besser entsprach. Sie unterzog das gesamte Innungswesen Sachsens einer gründlichen Reform und blieb mit ergänzenden Verordnungen bis zur Einführung der Gewerbefreiheit im Jahre 1861 in Kraft ... Mit dem Gesetz von 1780 wurden die Innungen vollständig unter die Aufsicht des Staates gestellt. Jede Innung erhielt zur Wahrung einer guten Ordnung eine Rats- oder andere obrigkeitliche Person als leitenden und beaufsichtigenden **Vorstand** *[>* **Deputirter***]. Ohne deren Kenntnis und Beisein durften keine Zusammenkünfte der Innungen erfolgen und keine Beschlüsse gefasst werden ...“*

> ➢ **dazu im Adressbuch 1799** (Seite 25): > **Innungen** ... im Detail gibt es da einige Abweichungen zum obigen Artikel:

Alphabetisches Verzeichniß der hiesigen löblichen Innungen, nebst den Herren Deputirten E. E. Hochw. Raths, den Aeltesten, der Anzahl der Herren oder Meister, und der Anzeige der Niederlage oder Innung, oder Herberge jeder Innung.

(1)**Baderinnung**   [insges. 7 Mitglieder; lt. Einwohnerverzeichnis incl. Gesellen]

>**Deputirter:**   Herr Senator und Kämmerer, Christian August Schnabel

[Einwohnerverzeichniß 1799:   Schnabel Christian August, Rathskämmerer, Senator, Dresden, An der Kreuzkirche 523]

Aeltster: Hr. Johann Michael Eltz.

Baderherren sind 6.

Die Niederlage derselben ist in der Webergasse Nr. 16 in der Weintraube.

(2)**Bäckerinnung**   [insgesamt 124 Mitglieder]

> **Deputirter:**   Herr Senator, Karl Wilh. Glob. Wils.

[Einwohnerverzeichniß 1799: Wils Karl Wilhelm Gottlob, Senator, Dresden, Pirnaische Gasse 695]

Oberältetser: Mstr. Joh. George Scheltzel

Aelteste: Mstr. Joh. Chstph. Pegenau, ist zugleich Innungsschreiber

Mstr. Joh. Andreas Zittel

Mstr. Joh. Gottfried Hildebrand

Mstr. Jon. Christian Held

Mstr. Joh. Karl Rauchfuß

Mstr. Joh. Andreas Böttger d. ä.

Mstr. Christian Gottlob Mcke

Mstr. Karl Leopold Todte

Mstr. Joh. Gottfried Herklotz

Mstr. Joh. Christian Friedrich

Mstr. Gottfried Zschürner

Meister sind 106. und 6. Wittwen. Die Herberge ist in Nst. in der Hptstr. Nr.169 im gold. Lamme, u. Svst. Hint. Tromperschl. Nr.448.

(3) **Barbierinnung**   [insgesamt 18 Mitglieder] plus Gesellen, Lehrlinge

(4) **Beutlerinnung**   [insgesamt 25 Mitglieder einschl. Wittwen] plus Gesellen, Lehrlinge

(5) **Böttcherinnung**   [insgesamt 61 Mitglieder einschl. Wittwen] plus Gesellen, Lehrlinge

(6) **Brauerinnnung**   [insgesamt 25 Mitglieder einschl. Wittwen] plus Gesellen, Lehrlinge

(7) **Buchbinderinnung**   [insgesamt 28 Mitglieder einschl. Wittwen] plus Gesellen, Lehrlinge

(8) **Büchsenmacher** >siehe Schlosserinnung

(9) **Büchsenschäfter** >keine Innungsmitglieder, insgesamt 3 Meister einschl. Wittwen plus Gesellen, Lehrlinge

(10) **Bürstenmacherinnung.** [insgesamt 8 Mitglieder einschl. Wittwen] plus Gesellen, Lehrlinge

(11) **Corduanmacherinnung.** [insgesamt 4 Mitglieder] plus Gesellen, Lehrlinge

(12) **Drechslerinnung** [insgesamt 23 Mitglieder einschl. Wittwen] plus Gesellen, Lehrlinge

(13) **Elbfischerinnung** [insgesamt 55 Mitglieder] plus Gesellen, Lehrlinge

(14) **Feilenhauerinnung** [insgesamt 10 Mitglieder einschl. Wittwen] plus Gesellen, Lehrlinge

(15) **Feueressenkehrerinnung** [insgesamt 8 Mitglieder] plus Gesellen, Lehrlinge

(16) **Fleischhauerinnung.** [insgesamt 73 Mitglieder einschl. Wittwen] plus Gesellen, Lehrlinge

(17) **Glaserinnnung** [insgesamt 12 Mitglieder] plus Gesellen, Lehrlinge

(18) **Gold – Silber- und**

Galanteriearbeiter-Innung [insgesamt 54 Mitglieder] plus Gesellen, Lehrlinge

(19) **Gürtlerinnung** [insgesamt 37 Mitglieder] plus Gesellen, Lehrlinge

(20) **Hutmacherinnung** [insgesamt 20 Mitglieder] plus Gesellen, Lehrlinge

(21) **Kammmacherinnung** [insgesamt 7 Mitglieder] plus Gesellen, Lehrlinge

(22) **Kauf- und Handlungsinnung** [insgesamt 240 Mitglieder einschl. Wittwen] plus Lehrlinge

(23) **Klempnerinnung** [insgesamt 23 Mitglieder] plus Gesellen, Lehrlinge

(24) **Knopf- u.Krepinmacherinnung** [insgesamt 22 Mitglieder] plus Gesellen, Lehrlinge

(25) **Kürschnerinnung** [insgesamt 24 Mitglieder] plus Gesellen, Lehrlinge

(26) **Kupferschmidtinnung** [insgesamt 23 Mitglieder einschl. Wittwen] plus Gesellen, Lehrlinge

(27) **Kurzmesserschmidtinnung** [insgesamt 18 Mitglieder] plus Gesellen, Lehrlinge

(28) **Langmesserschmidtinnung** [insgesamt 2 Mitglieder] plus Gesellen, Lehrlinge

(29) **Lohgerberinnung** [insgesamt 23 Mitglieder] plus Gesellen, Lehrlinge

(30) **Maurerinnung** [insgesamt 11 Mitglieder] plus Gesellen, Lehrlinge

(31) **Nadlerinnung** [insgesamt 31 Mitglieder einschl. Wittwen] plus Gesellen, Lehrlinge

(32) **Nagelschmidtinnung** [insgesamt 25 Mitglieder einschl. Wittwen] plus Gesellen, Lehrlinge

(33) **Paruckenmacherinnung** [insgesamt 87 Mitglieder einschl. Wittwen] plus Gesellen, Lehrlinge

(34) **Posamentierinnung** [insgesamt 15 Mitglieder einschl. Wittwen] plus Gesellen, Lehrlinge

(35) **Riemerinnung** [insgesamt 12 Mitglieder] plus Gesellen, Lehrlinge

(36) **Roth-Glocken u.**

Stückgießerinnung [insgesamt 7 Mitglieder] plus Gesellen, Lehrlinge

(37) **Sattlerinnung** [insgesamt 22 Mitglieder] plus Gesellen, Lehrlinge

(38) **Schleifer- u. Polierinnung** [insgesamt 5 Mitglieder einschl. Wittwen] plus Gesellen, Lehrlinge

(39) **Schlosser-, Sporer-, Großuhr-,**

Büchsen-u. Windenmacherinnung [insgesamt 50 Mitglieder] plus Gesellen, Lehrlinge

(40) **Sporer > Hofsporer** >keine Innungsmitglieder [3 Meister] plus Gesellen, Lehrlinge

(41) **Großuhrmacher** >keine Innungsmitglieder [3 Meister] plus Gesellen, Lehrlinge

(42) **Windenmacher** >keine Innungsmitglieder [2 Meister]

(43) **Schneiderinnung** [insgesamt 464 Mitglieder einschl. Wittwen] plus Gesellen, Lehrlinge

(44) **Schuhmacherinnung** [insgesamt 424 Mitglieder einschl. Wittwen] plus Gesellen, Lehrlinge

(45) **Schwarz- u. Blaufärberinnung** [insgesamt 11 Mitglieder einschl. Wittwen] plus Gesellen, Lehrlinge

(46) **Schwerdtfegerinnung** [insgesamt 6 Mitglieder] plus Gesellen, Lehrlinge

(47) **Seifensiederinnung** [insgesamt 34 Mitglieder einschl. Wittwen] plus Gesellen, Lehrlinge

(48) **Seilerinnung** [insgesamt 22 Mitglieder] plus Gesellen, Lehrlinge

(49) **Steinmetzinnung** [insgesamt 5 Mitglieder] plus Gesellen, Lehrlinge

(50) **Strumpfwirker- u.**

Baretmacherinnung [insgesamt 6 Mitglieder] plus Gesellen, Lehrlinge

(51) **Sporer** >siehe Schlosserinnung

(52) **Strumpfwirkerinnung** [insgesamt 23 Mitglieder] plus Gesellen, Lehrlinge

(53) **Täschner- u. Tapezierinnung** [insgesamt 29 Mitglieder] plus Gesellen, Lehrlinge

(54) **Tischlerinnung** [insgesamt 83 Mitglieder] plus Gesellen, Lehrlinge

(55) **Töpferinnung** [insgesamt 25 Mitglieder einschl. Wittwen] plus Gesellen, Lehrlinge

(56) **Tuchmacherinnung** [insgesamt 27 Mitglieder] plus Gesellen, Lehrlinge

(57)**Tuchscheererinnung** [insgesamt 10 Mitglieder] plus Gesellen, Lehrlinge

(58)**Uhrmacherinnung (Klein-)** [insgesamt 14 Mitglieder einschl. Wittwen] plus Gesellen, Lehrlinge

(59) **Wagnerinnung** [insgesamt 20 Mitglieder] plus Gesellen, Lehrlinge

(60) **Weißgerberinnung** [insgesamt 9 Mitglieder] plus Gesellen, Lehrlinge

(61) **Zeug-, Lein- u. Wollweberinnung** [insgesamt 27 Mitglieder einschl. Wittwen] plus Gesellen, Lehrlinge

(62) **Zeug- u. Sägeschmidtinnung** [insgesamt 10 Mitglieder] plus Gesellen, Lehrlinge

(63) **Zimmerleuteinnung** [insgesamt 9 Mitglieder] plus Gesellen, Lehrlinge

(64) **Zinngießerinnung** [insgesamt 17 Mitglieder einschl. Wittwen] plus Gesellen, Lehrlinge

(65) **Zirkelschmidtinnung** [insgesamt 6 Mitglieder] plus Gesellen, Lehrlinge

Bild: **Zirkelschmied** > Werkzeugschmied aus Wikipedia, der freien Enzyklopädie.

Der Werkzeugschmied stellte verschiedene Werkzeuge her. Er wurde auch Zeugschmied, Zirkelschmied oder Zirkler genannt. In den Anfangszeiten der Werkzeugherstellung wurden hauptsächlich Forstwerkzeuge wie zum Beispiel Hacken, Spezialmesser, Spaltwerkzeuge hergestellt.

Heute noch ausgeübte verwandte Berufe sind Hufschmied und Kunstschmied.

Ausführliche Erklärung siehe > „Alte Berufe" Quellenverzeichnis [19]

8. Allgemeine Erkenntnisse aus den Adressbüchern

Aus der Vielzahl möglicher Erkenntnisse aus den Adressbüchern sollten hier vorrangig die zur **Namenskunde** genannt werden. Es ist ja immer wieder erstaunlich, welche entscheidenden Hinweise durch diese sog. „Hilfswissenschaft" zur Geschichte gegeben werden können.

Die Namenskunde [Onomastik] ist zwar eine eigene wissenschaftliche Disziplin, aber die Erforschung von Namen, deren Entstehung, Geschichte, Bedeutung und Verteilung im deutschen Sprachgebiet ist auch mit den Adressbüchern eng verbunden. Über die Namensverteilung und Nutzung der Möglichkeiten im Internet oder entsprechender Software kann man heute alle Namen, ihrer Häufigkeit und Verteilung in Deutschland sich auf Landkarten anzeigen und ausdrucken lassen. Allerdings beruhen die derzeitigen Angaben der Häufigkeit und Verteilung von Namen in Deutschland in den Karten aus Telefonbüchern [z. B. 1942/1995], in denen natürlich eine große Anzahl von Einwohnern **nicht erfasst** wurde, auch wenn sich nach 1990 z. B. die Telefonanschlüsse in den *neuen Bundesländern* wesentlich erhöht haben. Professor Udolph, einer der führenden Namensforscher, hatte angekündigt, dass da an einem Projekt gearbeitet wird, wo die **Quelle** der Namenseinträge nun auch die **historischen Adressbücher** sein sollte. Das dafür natürlich umfangreiche „Vorarbeiten" notwendig sind liegt auf der Hand. Der aktuelle Stand dieses Projektes ist mir nicht bekannt, aber wenn man am Beispiel der **Adressbücher Dresdens** in den Jahren **1738 bis 1868** Vergleiche anstellt, erkennt man, dass mit Nutzung dieser Quellen sicherlich weitere Erkenntnisse vermittelt werden könnten[18].

Im Buch „dtv-Atlas Namenskunde" von Prof. Konrad Kunze/1999[22] wird z. B. in einer Aufstellung der Häufigkeit der Namen [Seite 66] für Dresden der Name MÜLLER als Nr. 1 angegeben. Dies kann auch in den Dresdner Adressbüchern 1738 bis 1868 mit 925 Einträgen prinzipiell so bestätigt werden, allerdings nicht mit den 10,36 % für Deutschland, sondern nur 1,6 % für Dresden. Die dann gem. ihrer Häufigkeit in Deutschland folgenden Namen 2. SCHMIDT, 3. SCHNEIDER, 4. FISCHER, 5. MEYER und 6. WEBER – alle aus der Gruppe der „Berufsnamen"–, weisen dann für Dresden schon eine andere Reihenfolge auf. Dies soll beweisen, dass die Namensverteilung auf der Grundlage von

Adressbuch-Einträgen vor mehr als hundert Jahren, uns weitere Erkenntnisse bringen könnte.

Mit den *Übersichtskarten* zur Häufigkeit, Deutung und Verteilung der Namen im deutschsprachigem Gebiet [siehe z. B. im Internet] kann man oft Rück-schlüsse zur Herkunft der Namen ziehen [>Wanderungsbewegung von Westen nach Osten im 11. JH, slawische Siedlungen usw.].

http://www.christoph.stoepel.net/

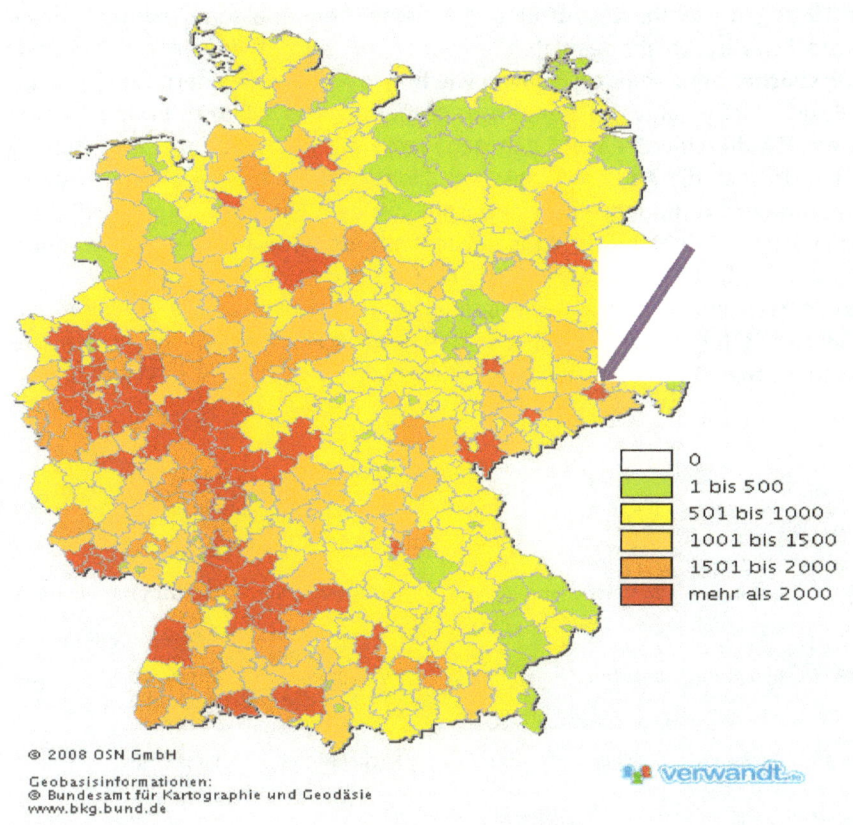

☐	0
🟩	1 bis 500
🟨	501 bis 1000
🟧	1001 bis 1500
🟧	1501 bis 2000
🟥	mehr als 2000

® 2008 OSN GmbH

Geobasisinformationen:
® Bundesamt für Kartographie und Geodäsie
www.bkg.bund.de

verwandt.de

www.verwandt.de/karten [MÜLLER >lila Pfeil > Dresden 2008 Tel.Anschl.]

Nachfolgend anhand von Beispielen weitere mögliche grundsätzliche Erkenntnisse > 8.1 bis 8.4 mit ergänzenden Erläuterungen.

8.1 Sonstige Angaben – „Witwen" und „hinterlassene Töchter"

Auch bei anderen Angaben in den Adressbüchern lassen sich bei einer systematischen Auswertung über mehrere Jahrgänge, vorausgesetzt diese sind vorhanden bzw. einsehbar, noch weitere Erkenntnisse gewinnen. So lässt sich z. B. bei den Einträgen wie *h. T.*, Abkürzung für eine *hinterlassene Tochter* [unverheiratet] das Sterbejahr des Vaters erkennen, um dann in den entspr. Jahren der **Adressbücher** oder anderen Quellen wie in den > Kirchenbüchern (Verfilmungen im Bezirks-Kirchenamt Dresden, Kreuzstraße) oder ab 1875/76 in den Standesämtern (Stadtarchiv Dresden) den genauen Eintrag zu suchen. Dabei benötigt man in Dresden die Adresse/Straße um das zuständige Kirchspiel bzw. zuständige Standesamt zu finden. Hier ein Beispiel mit dem Familiennamen BENINCASA; was in diesem Fall bedeutet, dass der **Joachim Benincasa** in Dresden, wohnhaft Augustusstraße 574, im Jahre 1835/1836 verstorben sein muss [>Kirchengemeinde Kreuzkirche oder Dreikönigskirche] und nicht evtl. nur verzogen war. Außerdem scheint der *Königliche Kirchensänger* postum noch den Titel *Kammersänger* erhalten zu haben. Analog gilt das auch für die *Witwen*.

1831	Benincasa	Joachim	m/...	Kirchensänger	Pirnaische Gasse	694
1832	Benincasa	Joachim	m/...	Kirchensänger	Pirnaische Gasse	694
1833	Benincasa	Joachim	m/...	Kirchensänger	Pirnaische Gasse	694
1834	Benincasa	Joachim	m/...	Kirchensänger	Pirnaische Gasse	694
1835	Benincasa	Joachim	m/...	K. Kirchensänger	Augustusstraße	574

1836	Benincasa	Franziska	f/verw.	Kammersängers Wittwe	Augustusstraße	574
1837	Benincasa	Frzska.	f/verw.	Kammersängers Wittwe	Augustusstraße	574
1840	Benincasa	Frzska.	f/verw.	Kammersängers Wittwe	Augustusstraße	4
1841	Benincasa	Frzska.	f/verw.	Kammersängers Wittwe	Augustusstraße	4
1842	Benincasa	Frzska.	f/verw.	Kammersängers Wittwe	Augustusstraße	4
1843	Benincasa	Frzska.	f/verw.	Kammersängers Wittwe	Salzgasse	11
11844	Benincasa	Frzska.	f/verw.	Kammersängers Wittwe	Salzgasse	11
1845	Benincasa	Frzska.	f/verw.	Kammersängers Wittwe	an der Frauen- kirche	2
1846	Benincasa	Frzska.	f/verw.	Kammersängers Wittwe	an der Frauen- kirche	2
1850	Benincasa	Frzska.	f/verw.	Kammersängers Wittwe	an der Frauen- kirche	2
1851	Benincasa	Frzska.	f/verw.	Kammersängers Wittwe	an der Frauen- kirche	2
1852	Benincasa	Frzska.	f/verw.	Kammersängers Wittwe	an der Frauen- kirche	2
1853	Benincasa	Frzska.	f/verw.	Kammersängers Wittwe	an der Frauen- kirche	2
1854	Benincasa	Frzska.	f/verw.	Kammersängers Wittwe	an der Frauen- kirche	2
1855	Benincasa	Frzska.	f/verw.	Kammersängers Wittwe	an der Frauen- kirche	2

1856	Benincasa	Frzska.	f/verw.	Kammersängers Wittwe	an der Frauen- kirche	2
1861	Benincasa	Frzska.	f/verw.	Kammersängers Wittwe	an der Frauen- kirche	2
1862	Benincasa	Frzska.	f/verw.	Kammersängers Wittwe	an der Frauen- kirche	2
1866	Benincasa	Cäc. M. Cltne.	f/To.	Kammersängers h. T.	kleine Schieß- gasse	11
1868	Benincasa	Cäc. M. Cltn.	f/To.	Kammersängers h. Tochter	Schössergasse	20

In den Adressbüchern dieser Zeit finden wir aber auch noch weitere Angaben, die in den Abschriften für die „Adressbuch-Datenbank" **im GenWiki nicht** aufgenommen wurden, um gleiche Inhalte aller Adressbücher über alle Jahre zu erhalten bzw. diese Angaben dann auch zu „verarbeiten". So sind oft in den Adressbüchern 1831 bis 1868 für Dresden zusätzlich auch noch die *Orden und Ehrenzeichen* der jeweiligen Person beim „Beruf bzw. Titel" angegeben, wie > z. B. >>

1868 Ackermann, Gst. Ad., Apell. Rath i. Wartegeld (A. R.), Bautznerstr. 16 a III [3. Etage]

Dabei bedeutet (A. R.) [siehe Abkürzungen Seite XVII-XX.] „**Albrechts-Orden Ritter**". Bei einigen Personen benötigt die Aufzählung der Orden oft eine ganze Zeile und mehr. Zur *Problematik Orden und Ehrenzeichen* haben sich auch einige „Hobby-Forscher" spezialisiert.

Dazu > http://de.wikipedia.org/wiki/Kategorie:Weltlicher_Ritterorden

Im **Adressbuch** für das Jahr **1899** wurden diese Angaben zu den „Orden" zwar etwas reduziert, dafür aber weitere Angaben z. B. zu den Geschäftsadressen gemacht. Insgesamt finden wir 1899 auch einen wesentlich größeren Anteil mit ca. **27 % der Einwohnerschaft bei ca. 88.700 Einträgen** im Adressbuch [dieses ist derzeit für GenWiki „in Arbeit"] bei einer **Einwohnerzahl** von ca. **324.350** gemäß einer Volkszählung von 1885].

Analog wie bei den *hinterlassenen Töchtern* kann man natürlich auch das Sterbejahr der Männer über die *Einträge zu den Wittwen* finden. Vor allem dann, wenn diese in der Wohnung des verstorbenen Mannes zunächst wohnen blieben, d. h. gleiche Wohnadresse. Meist ist ja bei den Witwen auch noch der ehemalige *Beruf/Titel* des Mannes angegeben.

Dresden 1868	**Zschinsky von**	B.	verw.	
	Excellenz Justizministers Wittwe		Hauptstraße 14a	
Dresden 1868	**Zwanziger**	Eva Charl.	verw.	
	Schuhmachers Wittwe		Pirnaischestraße 6	
Dresden 1868	**Zychlinska von**	Ernst. Ant. Carol.	verw.	
	Geh. Oberregierungs- u. Landraths W.		Carlstraße 9	

8.2 Berufsangaben – Nachweis zum Stand der Industrialisierung

Mit den Angaben des **Berufs** bzw. der Tätigkeiten zum „Broterwerb" lassen sich aus den Adressbüchern im Vergleich der Häufigkeit in den verschiedenen Jahren u. a. auch Rückschlüsse auf den jeweiligen technisch-technologischen Stand der Industriealisierung bzw. der Wirtschaft in Dresden ziehen. So ist bekannt, dass in den Jahren bis 1850 z. B. *Schuhmacher* vor den *Schneidern* die häufigste Berufsangabe war. Allerdings kann man auch erkennen, dass dann schon 1868 ein rel. Rückgang dieses Berufs zu verzeichnen ist:

➢ **1831** gibt es **624** bei insgesamt 11.732 Einträgen, d. h. **5,32 %**
➢ **1868** gibt es **1.064** bei insgesamt 25.065 Einträgen, d. h. **4,24 %**

Auch Berufsangaben, die man heute gar nicht mehr kennt, müssen/sollten da noch recherchiert werden, z. B. Verarbeitung von Stroh, künstl. Blumen usw. [17]

8.2.1 Schänkwirt, Gastwirt, Restaurateur, Traiteur [>< vgl. Restaurator].

In den Adressbüchern gibt es eine Vielzahl von *Schänkwirten* bzw. analoge Bezeichnungen, so z. B. auf der **Webergasse**, wo **auf 1.125 Metern** insgesamt **20 „Gaststätten"** zu finden waren. Siehe hierzu auch[12] und[13].

1 **Lößnitzer**	Carl Gottlieb	Schänk- u. Speisewirth	Webergasse 3
2 **Loßner**	Henriette Wilhelm.	Gastwirtin	Webergasse 8
3 **Schäfer**	Gustav Adolph	vorm. Schänk- u. Speisewirth	Webergasse 9
4 **Dienel**	F. Gottlieb	Restaurateur	Webergasse 12
5 **Kleemann**	Catharina	Gastwirthin „Stadt Meißen"	Webergasse 16
6 **Brückner**	Gottlob F.	Schänk- u. Speisewirth	Webergasse 19
7 **Schröter**	Elisabeth M.	Schänk- u. Speisewirths Witt.	Webergasse 24
8 **Wolf**	C. A.	Weinsch."Zum gold. Weinbl."	Webergasse 25
9 **Schorp**	J. C. A.	Gastwirth	Webergasse 26
10 **Hänsel**	C. Gottfried	Schänk- u. Speisewirth	Webergasse 27
11 **Apitz**	J. Gottlieb	Schänk- u. Speisewirth	Webergasse 29
12 **Kunert**	Christiane Fridke.	Gastwirthin	Webergasse 31
13 **Hanschmann**	Emma Dorothee	Schänk- u. Speisewirths Wi.	Webergasse 31
14 **Wagner**	Christian C.	Gastwirth	Webergasse 32
15 **Saame**	Christian Gst. Bernh.	Schänk- u. Speisewirth	Webergasse 34

16 **Güntzel**	Johanne Salome	Schänk- u. Speisewirthin	Webergasse 34
17 **Kunze**	F. Gotthelf	Schänk- u. Speisewirth	Webergasse 35
18 **Oettel**	Adolph F.	Gastw. „Zur gold. Weintr."	Webergasse 36
19 **Richter**	Christiane	Gastwirths Wittwe	Webergasse 36
20 **Lindner**	Friderike El.	Schänk- u. Speisewirthin	Webergasse 37

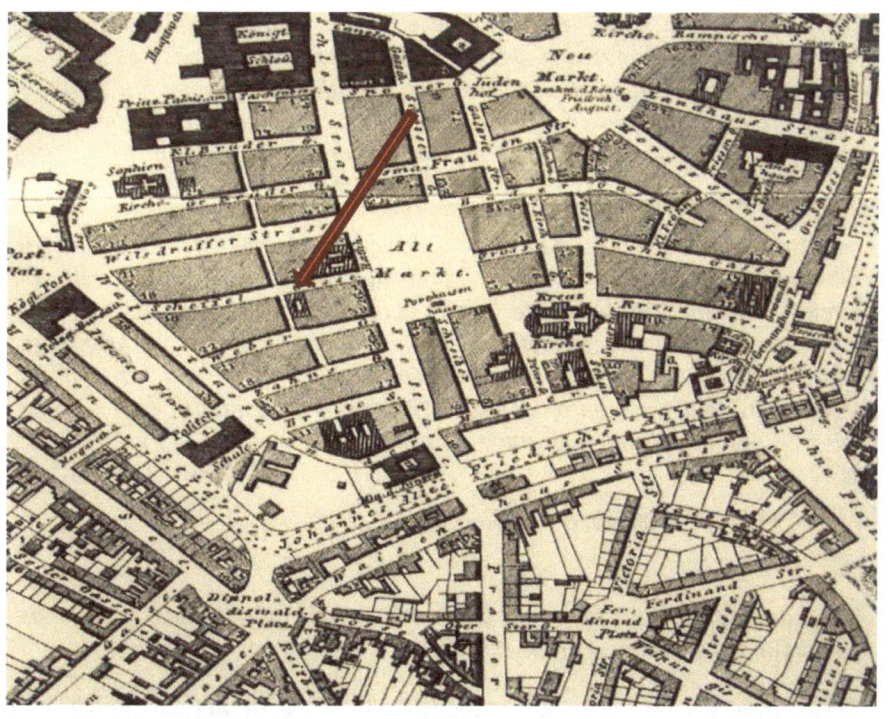

> Dazu oben im Stadtplan 1868: die **Webergasse** [> roter Pfeil] ist 1.500 Schritt lang, Feld P-13, ein Schritt entspr. gleich 0,75 Meter. Führt quer von der Wallstraße zum Altmarkt. Also ca. alle 60 Meter gab es damals auf der Webergasse „etwas zum Essen und Trinken".

8.2.2 Diätist

In den Adressbüchern finden wir erstmals vereinzelt im Jahr 1831 und dann immer häufiger bes. im Jahr 1868 diesen o. g. Begriff. Zur Begriffserläuterung sollte immer versucht werden, die zu der entspr. Zeit üblichen bzw. >*gültigen Bedeutungen* zu finden.

Im **Brockhaus 2008** : > *Diäten [lateinisch], Bezeichnung für die finanzielle Entschädigung der Parlamentsabgeordneten, die den Verdienstausfall ausgleichen und die Unabhängigkeit der Abgeordneten sichern soll. Die für Bundestagsabgeordnete im Abgeordnetengesetz in der Fassung vom 21. 2. 1996 geregelten Leistungen bestehen aus einer steuerpflichtigen Entschädigung und einer steuerfreien Amtsausstattung, die Geld- und Sachleistungen umfasst (z. B. monatliche Kostenpauschale für die Unter- haltung eines Büros, Benutzung der Dienstfahrzeuge des Bundestages), sowie einer im Vergleich zur Rentenversicherung vorteilhaften Altersversorgung. Ähnli- che Bestimmungen gibt es in den Ländern. Die Leistungen an Mitglieder des Europäischen Parlaments sind im Europaabgeordnetengesetz vom 6. 4. 1979 geregelt.*

In Österreich bestimmt das Bundesbezügegesetz die Höhe der Bezüge u. a. der Mitglieder des National- und des Bundesrats sowie der von Österreich entsandten Mitglieder des Europäischen Parlaments. In der Schweiz werden die Abgeordneten des Nationalrats aus der Bundeskasse, die des Ständerats von den Kantonen alimentiert. Die Diäten der Nationalräte bestehen aus einer steuerpflichtigen Sitzungsentschädigung pro Sitzung, aus einem Spesensatz und einer nur zum Teil steuerpflichtigen Jahresentschädi- gung.

(c) Bibliographisches Institut & F. A. Brockhaus AG, 2008

Im **Duden 2001** findet man nur: *„Diäten: Plur. (lat.) (Tagegelder, Aufwands- entschädigungen u. a., bes. Parlamentariern)."*

Besser bzw. die für diese Zeit geltende Erläuterung ist viel ausführlicher in diesem Lexikon zu finden > Quelle: **Meyers Konversations-Lexikon 1888**; Verlag des Bibliographischen Instituts, Leipzig und Wien, Vierte Auflage, 1885-1892; 4. Band: > Diäten > China - Distanz, Seite 937-938, wie folgt: >

Diäten

(eigentlich Diëten, v. lat. dies »Tag«, Tagegelder), die tagweise Vergütung, welche man bei besonderm Dienstaufwand beanspruchen kann. So erhalten Beamte, Anwalte, Ärzte etc. bei Verrichtungen außerhalb des Wohnorts nicht nur Vergütung der Reisekosten (Transportkosten), sondern auch zur Entschädigung für den außerdem erwachsenden besondern Aufwand Diäten, wie denn solche auch den Mitgliedern parlamentarischer Körperschaften bezahlt werden; daher Diät, s. v. w. Sitzungsperiode einer Ständeversammlung.

Werden Beamte im Vorbereitungsdienst ohne festes Gehalt beschäftigt und lediglich mit Diäten remuneriert, so bezeichnet man einen solchen zeitweise Angestellten als Diätar oder Diätarius. In Bezug auf den Rang und die amtliche Stellung der Staatsbeamten werden verschiedene Diätenklassen unterschieden, indem die höhern Beamten höhere, die niedern geringere Diätensätze zu beanspruchen haben, welche gesetzlich normiert sind. Für die Beamten des Deutschen Reichs sind die Tagegelder durch Verordnungen vom 21. Juni 1875 (Reichsgesetzblatt, S. 249) und 19. Nov. 1879 (Reichsgesetzblatt, S. 313) mit Ausführungsbekanntmachung vom 9. April 1881 (Zentralblatt für das Deutsche Reich, [*6] S. 136) bestimmt. Auf Beamte der Reichseisenbahnverwaltung und der Postverwaltung sind diese Vorschriften ausgedehnt nach Maßgabe der Verordnungen vom 5. Juli 1875 (Reichsgesetzblatt, S. 253) und vom 29. Juni 1877 (Reichsgesetzblatt, S. 545), auf Militär- und Marinebeamte nach Maßgabe der Verordnung vom 20. Mai 1880 (Reichsgesetzblatt, S. 113), während für die gesandtschaftlichen und Konsularbeamten die Verordnungen vom 23. April 1879 (Reichsgesetzblatt, S. 127) und 7. Febr. 1881 (Reichsgesetzblatt, S. 27) maßgebend sind. Für die Reichsbeamten gilt der Grundsatz des preußischen Beamtenrechts (Gesetze vom 24. März 1873 und 28. Juni 1875), wonach Diäten erst bei einer Entfernung von mindestens 2 km vom Wohnort des Beamten gezahlt werden.

Viel erörtert und viel bestritten ist die Frage, ob den Mitgliedern der Volksvertretung während der Legislaturperiode Diäten zu zahlen seien oder nicht, namentlich seitdem man für den Norddeutschen Bund und in der Folge auch für das Deutsche Reich, entgegen der bisherigen deutschen Gewohnheit, gleichzeitig mit der Proklamierung des allgemeinen Stimmrechts das Prinzip der Diätenlosigkeit der Reichstagsabgeordneten adoptierte. Für die Nichtzahlung von Diäten wird auf der einen Seite der Umstand geltend gemacht, daß die Stellung der Abgeordneten, welche keine Diäten beziehen und ihren Beruf als Volksvertreter also lediglich als ein Ehrenamt ausüben, eine würdigere und angesehenere sei als im umgekehrten Fall, in welchem zudem manch unlauteres Mitglied durch die Verwilligung von Diäten in das Parlament gezogen werden könnte. So nennt John Stuart Mill die Diäten »ein immerwährendes Zugpflaster, auf die übelsten Seiten der menschlichen Natur gelegt«.

Schwächer ist der weiter für die Nichtzahlung von Diäten geltend gemachte Grund, daß die Sessionen der Ständeversammlungen von kürzerer Dauer sein möchten, und daß der Geschäftsgang in den parlamentarischen Verhandlungen ein rascherer sein werde, wenn die Abgeordneten lediglich auf ihre eignen Mittel angewiesen sind, als wenn sie Diäten beziehen. Die verbündeten deutschen Regierungen halten an der Diätenlosigkeit namentlich um deswillen fest, weil sie darin ein Korrektiv und Gegengewicht gegenüber dem allgemeinen Wahlrecht erblicken.

Man nimmt nämlich gewöhnlich an, daß die Wahlen konservativer ausfallen, wenn die diätenlosen Abgeordneten aus der besitzenden Klasse genommen werden, deren Angehörige konservativer zu sein pflegen als diejenigen, welche nichts zu verlieren haben und ebendeshalb dem Radikalismus geneigter sind. Mit dieser Annahme steht indessen das Anwachsen der sozialdemokratischen Partei im Reichstag nicht im Einklang. Man hat sich auch wohl auf das Beispiel Englands berufen, woselbst seit der zweiten Revolution die Mitglieder des Parlaments keine Diäten beziehen; doch ist dieser Vergleich bei der wesentlichen Verschiedenheit der politischen und wirtschaftlichen Verhältnisse Englands gegenüber den unsrigen nicht allenthalben zutreffend.

Auf der andern Seite macht man für die Verwilligung von Diäten geltend, daß der Zutritt zur Volksvertretung nicht bloß dem Reichen offen stehen soll, und daß Begabung und Wohlhabenheit nicht immer Hand [*7] in Hand gehen, wie Dahlmann sagte, »daß nur die Diäten dem Volk verbürgen, daß seine Wahlkammer dem bürgerlichen Verdienst auch ohne das Geleit des Reichtums offen stehe«. Man erinnert auch daran, daß möglichst alle Berufsstände im Parlament vertreten sein sollen, und man weist darauf hin, wie im deutschen Reichstag namentlich der Stand der Großgrundbesitzer allzu reichlich vertreten sei, insbesondere gegenüber den Angehörigen des Kleingewerbes und dem Stande der kleinen Landwirte.

Gleichwohl halten die verbündeten Regierungen an dem § 32 der Reichsverfassung fest: »Die Mitglieder des Reichstags dürfen als solche keine Besoldung oder Entschädigung beziehen«. Bei der Beratung der norddeutschen Bundesverfassung im konstituierenden Reichstag war diese Bestimmung ursprünglich verworfen worden; sie fand aber in der dritten Lesung eine ansehnliche Majorität, nachdem die Regierungen von derselben das Zustandekommen der Verfassung wesentlich mit abhängig gemacht hatten. Seitdem ist der Antrag auf Verwilligung von Diäten im Reichstag oft gestellt worden. 1868 und 1869 wurden diesbezügliche Anträge des Abgeordneten Waldeck [*8] abgelehnt, und 1870 ging der Reichstag über einen solchen …

In den **Adressbüchern 1738-1868** sind folgende **„Diätisten"** eingetragen:

JAHR	NAME	VORNAMEN	BERUF/TÄTIGKEIT	STRASSE
1831	Erdtel	Johann	Diätist	kleine Brüdergasse
1831	Grundmann	Johann Gottfried	Diätist	Rhänitzgasse
1831	Spieß	August	Diätist/Land.Reg.Kanz.	Große Meißner Gasse
1831	Voigt	August	Diätist/Landesregierung	kleine Klostergasse
1831	Weinmar	Friedrich Moritz	Diätist b.d. Reg.Kanzley	Hundsgasse
1831	Reichenbach	August	Diätist b.d. L.Reg.	am Altenmarkt
1831	Feller	Wilhelm	Diätist/Polizeiexpedition	Breitegasse
1831	Barth	Heinrich	Diätist/Regierungskanzlei	kleine Plauische Gasse
1831	Frost	Carl August	Diätist/Regierungskanzlei	Halbegasse
1831	Blume	C. Fr.	Diätist/Militärmagazin	I. d. Eisenstrafanstalt
1831	Rhäsa	Heinrich	Land.Regier.Diätist	Rhänitzgasse
1831	Duckwitz	Carl Joseph	Polizeidiätist	Hundsgasse
1831	Krause	Carl Fr.G.	Polizeidiätist	Waisenhausgasse
1831	Weiser	Heinrich Trgt.	Apell.Ger. Diätist	Hauptstraße
1831	Domsch	Johann Gottfried	Appellationsger.-diätist	Casernenstraße
1868	Alter	E. Ferdinand	Diätist	Grunaerstraße
1868	Born	Gerhard Rud.	Diätist	Oppellstraße
1868	Brenne	F. A.	Diätist	Friedrichstraße
1868	Däbritz	P. C.	Diätist	Königsbrückerstraße
1868	Dinger	E. Ad.	Diätist	Weißeritzmühlgraben
1868	Fey	Julius Ed.	Diätist	Casernenstraße
1868	Hanisch	F. E.	Diätist	Pragerstraße
1868	Hänsel	C. Bernhard	Diätist	Galeriestraße
1868	Jeremias	C. H.	Diätist	Bachstraße
1868	Kluge	Julius Ed.	Diätist	Röhrhofgasse

1868	Künzel	F. W. Ehreg.	Diätist	Webergasse
1868	Langer	F. A.	Diätist	Louisenstraße
1868	Langer	F. Louis	Diätist	große Meißnerstraße
1868	Mischel	Clemens Bernh.	Diätist	Birkengasse
1868	Müller	E. Julius	Diätist	Lärchenstraße
1868	Müller	J. H.	Diätist	Schönbrunnstraße
1868	Naacke	Siegismund Max	Diätist	Mathildenstraße
1868	Neustadt	F. O.	Diätist	Schönfelderstraße
1868	Nöbel	Mart. Herm.	Diätist	Struvestraße
1868	Petzold	F. Mor.	Diätist	Hauptstraße
1868	Pfeil	C. Rich.	Diätist	Schweizerstraße
1868	Rentzsch	F. Gst. Ad.	Diätist	Jagdweg
1868	Seeling	J. Glieb.	Diätist	Oppellstraße
1868	Uhlig	F. Rob.	Diätist	Wolfsgasse
1868	Forbiger	O. Robert	Diätist	Christianstraße
1868	Ludwig	E. O.	Diätist	Elbberg
1868	Horn	Th. Oskar	Diätist	Rhänitzgasse
1868	Tod	Osc. Albr.	Diätist a. d. Alb.-E.	Rosenweg
1868	Scharf	P. Martin	Diätist a.d. L.-D Eisenbahn	Katharinenstraße
1868	Heinze	C. Gottlob	Diätist a. d. L.-D.-E.	Antonstraße
1868	Heise	Georg Max	Diätist a. d. L.-D.-E.	Ritterstraße
1868	Roch	Gst. Ad.	Diätist a. d. L.-D.-Eisenbahn	Rhänitzgasse
1868	Rosenfeld	Jul. Arnold	Diätist a. d. L.-D.-Eisenbahn	Wallgäßchen
1868	Gottel	Franz Ludwig	Diätist a. d. Leipzig-Dresdner Eisenbahn	Pillnitzerstraße
1868	Graf	Robert	Diätist a. d. Leipzig-Dresdner Eisenbahn	Schönbrunnstraße
1868	Großheim	Max Robert Emil, von	Diätist a. d. Leipzig-Dresdner Eisenbahn	Alaunstraße
1868	Siegert	Frz. A. Alb.	Diätist a .d. S.-B. St.-E.	Rosenweg

1868	Ohme	C. Chst.	Diätist a. d. S.-S. St.-E.	Casernenstraße
1868	Schüller	C. F.	Diätist an der L.-D. Eisenbahn	am Markt
1868	Wölfel	Gst. H.	Diätist an der L.-D.-Eisenbahn	Böhmischestraße
1868	Steinbach	F. A.	Diätist an der L.-Dr. Eisenbahn	Moritzburgerstraße
1868	Meyer	C. A. Ferdinand	Diätist b. Betries-Telgr. B. S.-S.-Sr.-E.	Camenzerstraße
1868	Dietzsch	F.	Diätist b. k. Justizministerium	Körnerstraße
1868	Schroth	Frz. Alb. Th.	Diätist b. Ministerium der ausw. Angelegenh.	Blumenstraße
1868	Ronthaler	J. Bruno	Diätist b.b. L.-D.-E.	Lößnitzstraße
1868	Menscher	E. Gotthold	Diätist b.d. Güterverwaltg. D. S.-S.-St.-E.	Großenhainerplatz
1868	Oehlmann	Emil	Diätist b.d. Güterverwaltung d. L.-D.-E.	Heinrichstraße
1868	Richter	Emil Rich.	Diätist b.d. Güter-Verwaltung d. L. D. E.	Pragerstraße
1868	Rüdiger	F. E.	Diätist b. d. Güterverwaltung der S.-B.-St. Eisb.	Wölfnitzstraße
1868	Preusche	F. A.	Diätist b. d. Hauptbuchhalterei der östl. St.-E.	Liliengasse
1868	Heydler	Ed. Ferdinand	Diätist b. d. K. Kreisdirection	Löbtauerstraße
1868	Frohberger	Gustav Bernhard	Diätist b. d. kgl. Justiz-Ministerium	Alaunstraße
1868	Körmer	C. Julius	Diätist b.d. Kirchen- u. Schulexpedition	an der Frauenkirche
1868	Graf	H. Richard	Diätist/Kirchen-/Schulexped.	Lousienstraße
1868	Thalheim	Frz. H. Trg.	Diätist b.d. Masch.-Verw. D. S.-S. St.-E.	Fichtenstraße
1868	Czabran	J.	Diätist b.d. Maschinenverwaltung d. St.	Schönbrunnstraße
1868	Rieger	Jul. Th.	Diätist b.d. Materialverw. der S.-B.-St.-E.	Ammonstraße
1868	Dallwitz von	J .F. Georg	Diätist b. d. S.-B. St.-Eisenb.	Sidonienstraße
1868	Winter	C. A. Ad.	Diätist b. d. S.-B. St.-Eisenbahn	Rosenweg

1868	Zahn	C. Jul.	Diätist b.d. S.-B. St.-Eisenbahn	Wienerstraße
1868	Zeidler	F. W.	Diätist b.d. S.-B. St.-Eisenbahn	Schössergasse
1868	Hartig	F. A.	Diätist b. d. S.-S. St.-E.	Camenzerstraße
1868	Jahn	C. Julius Ad.	Diätist b. d. S.-S. St.-E.	Böhmischestraße
1868	Kaiser	H. O.	Diätist b. d. S.-S. St.-E.	Poliergasse
1868	Schwarze	Gst. Ad.	Diätist b. d. S.-S. St.-E.	Wettinerstraße
1868	Schwind	C. Trg.	Diätist b. d. S.-S. St.-E.	Alaunstraße
1868	Werner	J. H. E.	Diätist b. d. S.-S. St.-E.	Hellerstraße
1868	Baumgarten	Gustav Herm.	Diätist b. d. S.-S.St.-E.	Schützengasse
1868	Steinmüller	Osc.	Diätist b. d. St.-E.-Dir.	am See
1868	Stohn	Herh. Osw.	Diätist b. d. St.-E.-Dir.	Alaunstraße
1868	Anger	C. Bernhard	Diätist b. d. Staatsschulden-verwaltung	Niedergraben
1868	Georgi	C. Woldemar	Diätist b.d. St.-Schulden-Verw.	Holzhofgasse
1868	Bleßner	Alfred	Diätist b. d. K. Finanz-Vermessg.-Direction	Grunaerstraße
1868	Klöpel	J. C. Gottlieb	Diätist b. K. Appell.-Ger.	Wachsbleichgasse
1868	König	A. Ludwig	Diätist b. K. Appell.-Ger.	kleine Meißnergasse
1868	König	Hermann Th.	Diätist b. K. Appell.-Ger.	Scheffelgasse
1868	Werner	C. W.	Diätist b. K. Appell.-Gericht	Pirnaischestraße
1868	Schwendler	Ed. Rud.	Diätist b. K. Justiz-minist.	Bautznerstraße
1868	Krafft von	Albert	Diätist b. K. Kriegsministerium	an der Kirche
1868	Schiffner	Gst. Th.	Diätist b. der Güterverwaltung der S.-B. St.-E.	Rosenweg
1868	Kießler	H. Moritz	Diätist beim Appellations-Gericht	Reinhardtstraße
1868	Bretschneider	E. H.	Diätist beim Finanzrechngh.	Waisenhausstraße
1868	Thierbach	E. H. Louis	Diätist beim K. Cult.-Minist.	kleine Plauenschegasse
1868	Hölemann	Julius	Diätist beim K. Finanz-Ministerium	Elbberg
1868	Teichmann	Emil Th.	Diätist i. d. Eilgut-Gepäck-Exped. d. S.-S. St.-E.	Ammonstraße

1868	Fischer	Georg Adolph Woldemar	Diätist im Haupt-St.-Archiv	Wiesenthorstraße
1868	Killig	Osc. H.	Diätist im Hpt.-Büreau d. Alb.-E-V.	Stiftsstraße
1868	Göhre	W. Robert	Diätist im Ingenieur-Büreau d. S. B. St.-E.	Leubnitzerstraße
1868	Brügner	Georg Maxm. Anton	Diätist im k. Ministeruim des Auswärtigen	Circusstraße
1868	Kutzer	F. Amandus Camillo	Diätist im statist. Büreau	Niedergraben
1868	Jacobi	H. Gustav Osmar	Diätist im Telegr.-Büreau d. S.-S. St.-E.	Bischofsweg
1868	Kasten	Hermann O.	Diätist im Telegr.-Büreau d. S.-S. St.-E.	Königstraße
1868	Lehmann	C. G. W.	Diätist im Zeughaus	Schreibergasse
1868	Schulze	Frz. Herm.	Diätist in der Expedition der S.-B, St.-E.	Weißeritzmühlgraben
1868	Wellner	Emil F.	Diätist in der Gasbeleuch-tungs-Expedition	Marienstraße
1868	Mauersberger	E. Gottlob	Diätist in der Güterexpedition	Königsbrückerstraße
1868	Schaab	Osc. Eugen Rich.	Diätist in der Güter-Expedition d. Leipz.-Dr. Eisb.	Antonstraße
1868	Franke	Chst. F.	Diätist i.d.Güter-Exp.S.-S.-Sr.-E	Wachsbleichgasse
1868	Byrla	M. Emilie	Diätistens Wittwe	Louisenstraße
1868	Lottenburger	Josph. Wlme.	Diätistens Wittwe	Elbberg
1868	Melzer	M. Nat. Cltne.	Diätistens Wittwe	Pillnitzerstraße
1868	Thierig	Lydia Rasalie	Diätistens Wittwe	Bautznerstraße
1868	Schumann	C.	Diätitist b.d.K. Kreisdirection	Königsbrückerstraße
1868	Irmer	F. Armin	Diätitst	Rosengasse
1868	Kunze	C. A. Rob.	Fin.-Rechnungs-Diätist	Pillnitzerstraße
1868	Irmischer	H. A.	Fin.-Rechnungs-Diätist	Galeriestraße
1868	Woltersdorf	Ad. Rob.	Fin.-Rechnungs-Diätist	Flemmingstraße
1868	Rudelt	E. H.	Finanz.-Rechnungs-Diätist	Pragerstraße
1868	Rose	Frz. Ed.	Finanz.-Rechnungs-Diätist	Alaunstraße

1868	Heintze	Julius W.	Finanz-Diätist	Circusstraße
1868	Nitsche	O. J.	Finanz-Rechnungs-Diätist	Schäferstraße
1868	Sternkopf	Hugo Ottemar	Finanz-Rechnungs-Diätist	Schäferstraße
1868	Däbritz	J. Hermann	Finanz-Rechnungs-Diätist	Pillnitzerstraße
1868	Wendisch	Gg. C. Edm.	Finanz-Rechnungs-Diätist	Töpfergasse
1868	Aßmann	Bernhadr Ed.	Finanz-Rechnungs-Diätist	Rosenweg
1868	Dreßler	Emil Hermann	Finanz-Rechnungs-Diätist	an der Elbe
1868	Eschenach	F. A.	Finanz-Rechnungs-Diätist	Niedergraben
1868	Freiberg	Julius Richard	Finanz-Rechnungs-Diätist	Kl. Plauenschegasse
1868	Gropp	F. Oswald	Finanz-Rechnungs-Diätist	Falkenstraße
1868	Größel	Franz O.	Finanz-Rechnungs-Diätist	Leipzigerstraße
1868	Hencker	C. A.	Finanz-Rechnungs-Diätist	Adlergasse
1868	Voigt	Felix P.	Finanz-Rechnungs-Diätist	Pillnitzerstraße
1868	Greding	O. W.	Leihbibliothekar, Diätist a. d. S.-S. St.-Eisb.	Zittauerstraße
1868	Holläufer	C. Emil	Postdiätist	am See
1868	Jungk	O. E.	Postdiätist	Zwingerstraße
1868	Kreyß	Emil	Postdiätist	Jacobsgasse
1868	Reymann	Osc. Hugo Florenz	Postdiätist	Wachsbleichgasse
1868	Taubert	C. F. Alwin	Postdiätist	Louisenstraße
1868	Ebert	C. Anton	Raths-Diätist	Camenzerstraße
1868	Schultz	Frz. Ed.	Raths-diätist	große Brüdergasse
1868	Tanzer	C.	Cult.-Minist.-Diätist	Annenstraße

In den Adressbüchern um 1900 findet man dann schon wesentlich weniger *Diätisten*.

8.2.3. Scharwerks-Maurer [analog Scharwerks-Zimmerer]

In den Adressbüchern finden wir erstmals im Jahr **1868 den Beruf** bzw. Begriff ***Scharwerks***-Maurer, seltener Zimmerer. Der heute fast nicht mehr verwendete und daher weitgehendst unbekannte Begriff muss natürlich auch in den „alten" Lexika nachgelesen werden.

Auch hier finden wir zunächst im Brockhaus 2008 unter „Scharwerk" nur: >

Fron [althochdeutsch frono »dem Herrn (Gott) gehörig«], Fronde, Scharwerk, Robot, bemessene oder unbemessene Dienstleistung, wurde zwangsweise und unentgeltlich für öffentliche oder private Berechtigte verrichtet. Vor den Agrarreformen des 19. JH (Bauernbefreiung) war besonders die bäuerliche Bevölkerung mit Fron belastet. Der Anspruch auf Fron war mit dem Besitz eines Grundstücks (Gutsherr, Landesherr) verbunden. Geleistet wurde Fron teils als Spanndienste (Ackerbestellung, Baufuhren), teils als Handdienste (Ernte-, Drescharbeiten, Jagdfronden u. a.). Die Zahl der Frontage schwankte zwischen wenigen Tagen im Jahr und mehreren Tagen in der Woche.

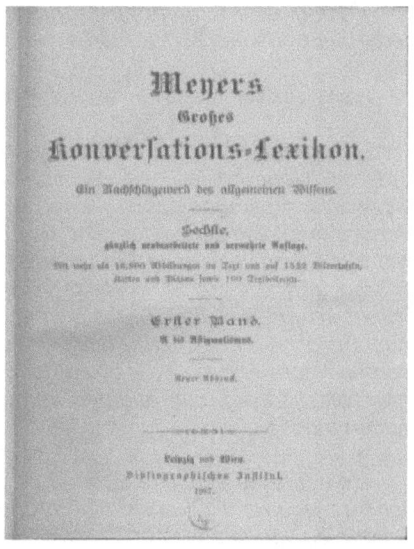

(c) Bibliographisches Institut & F. A.Brockh.AG

Aber in den **Lexika 1832/1888** dazu weitaus ausführlicher: >

Scharwerk (1), zwei aus Schar und Werk zusammengesetzte Wörter, welche noch im gemeinen Leben mancher Gegenden üblich sind. I. In einigen Oberdeutschen Gegenden, z. B. in Bayern, ist das Scharwerk ein jeder Frohndienst, eine Frohnarbeit, eine Frohne, und scharwerken, fröhnen. Es ist in dieser Bedeutung sehr alt, nach dieser kommt Schar, im mittlern Lat. Scara, in der Bedeutung der Frohne, und Scararius, von einem Fröhner, Frohnbauern vor, wovon das du Fresne Glossarium nachgesehen werden kann. Frisch und Andere nehmen Schar hier in der Bedeutung eines Hausens von mehreren, und erklären es durch Arbeiten, welche mehrere zugleich verrichten müssen. Allein für das einfache Scara ist diese Figur zu hart und ungewöhnlich, daher hier vielmehr die erste eigentliche Bedeutung einer heftigen Bewegung zum Grunde zu liegen scheint, so daß Schar und Scharwerk eine schwere Handarbeit bedeuten würde.

In Bayern ist scharen, noch wirklich arbeiten. S. 1 Schar; obgleich solches auch die Bedeutung des Zwanges leidet, so daß Scharwerk, im mittleren Lateinischen Angaria, ist. Ohne Zischlaut kann auch das mittlere Lateinische Corbata, <140, 369> und heutige Französische Courvée dahin gerechnet werden. Zu der Bedeutung der heftigen Bewegung gehört auch das Meklenburgische scharwachen, sich im Bette schlaflos herumwälzen. - 2) Bei den Mauern, Zimmerleuten und andern Handwerkern und Arbeitern ist Scharwerk theils eine Nebenarbeit, theils aber auch diejenige Arbeit, welche sie nach und außer den gewöhnlichen Arbeiten verrichten, das heißt, in den Freistunden, und scharwerken daher solche Arbeit verrichten. Hier scheint der Begriff der Kleinheit, der Verminderung, der Verkürzung zum Grunde zu liegen, so daß Scharwerk hier eine jede kleine Nebenarbeit bedeutet; s. 1 Schar.

Quelle: Lexikon http://www.kruenitz1.uni-trier.de/ 1832, Band 140

***Scharwerk** (2) , das, des -es, plur. die -e, und das Zeitwort scharwerken, welches ein Neutrum ist, und das Hülfswort haben erfordert, zwey aus Schar und Werk zusammengesetzter Wörter, welche noch im gemeinen Leben mancher Gegenden üblich sind. 1) In einigen Oberdeutschen Gegenden, z. B. in Baiern, ist das Scharwerk ein jeder Frohndienst, eine Frohnarbeit, eine Fröhne, und scharwerken fröhnen. Es ist in dieser Bedeutung, sehr alt, noch früher aber kommt Schar, im mittlern Lat. Scara, in der Bedeutung der Frohne, und Scararius von einem Fröhner, Frohnbauer vor, wovon des Du Fresne Glossarium nachgesehen werden kann. Frisch und andere nehmen Schar hier in der Bedeutung eines Haufens von mehrern, und erklären es durch Arbeiten, welche mehrere zugleich verrichten müssen.*

Allein für das einfache Scara ist diese Figur viel zu hart und ungewöhnlich, daher hier vielmehr die erste eigentliche Bedeutung einer heftigen Bewegung zum Grunde zu liegen scheinet, so daß Schar und Scharwerk eine schwere Handarbeit bedeuten würde. In Baiern ist scharen noch wirklich arbeiten (S. 1 Schar); obgleich selbiges auch die Bedeutung des Zwanges leidet, so daß Scharwerk eine Handarbeit, im mittlern Lat. Angaria, ist. Ohne Zischlaut kann auch das mittlere Latein. Corbata und heutige Franz. Courvée dahin gerechnet werden.

Zu der Bedeutung der heftigen Bewegung gehöret auch das Mecklenburgische scharwachen, sich im Bette schlaflos herum wälzen. 2) Bey den Mäurer, Zimmerleuten und andern Handwerkern und Arbeitern ist Scharwerk, theils eine Nebenarbeit, theils aber auch diejenige Arbeit, welche sie nach und außer der gewöhnlichen Arbeit verrichten, und scharwerken solche Arbeit verrichten. Hier scheinet der Begriff der Kleinheit, der Verminderung, der Verkürzung zum Grunde zu liegen, so dass Scharwerk hier eine jede kleine Handarbeit bedeutet.

Quelle: Adelung Wörterbuch 0687

Bild unten: **Wochenblatt** 1894 für **die Maurer** „Der Grundstein"

8.3 Ahnenforschung – Beispiel systematischer Auswertung

Damit kann man den **„Lebensweg"** einer „bodenständigen" Person in Verbindung mit der Geschichte Dresdens fast „lückenlos" nachvollziehen: >

Adressbücher 1890 bis 1943/44

Auszug eines > *Hermann Max Mai* aus den Adressbüchern von Dresden:

[Aus anderen Quellen zur Person: > Heirat in Pirna 01796; 1885, **Mai Hermann Max**, am 22.06.1885 [*1858] mit **Ida Rosalie Richter** in Copitz/Pirna; später Geburtseinträge der Kinder: 1) Margarete *01.09.1885 in Pirna; 2) Gertrud *12.12.1888 in Großenhain; 3) Johanne *27.10.1889 in Dresden].

Dresden 1890; Mai Hermann Max; Bezirksfeldwebel; Leipziger Vorstadt; Oppellstraße 35 II Zusatzvermerk > … aus Großenhain kommend

1890	Mai	Hermann Max	Bezirksfeldwebel	Oppellstraße	35	II
1891	Mai	Hermann Max	Bezirksfeldwebel	Bischofsweg	4	I
1892	Mai	Hermann Max	Bezirksfeldwebel	Bischofsweg	4	I
1893	Mai	Hermann Max	Bezirksfeldwebel	Bischofsweg	87	I
1894	Mai	Hermann Max	Bezirksfeldwebel	Bischofsweg	87	I
1895	Mai	Hermann Max	Bezirksfeldwebel	Bischofsweg	87	I
1896	Mai	Hermann Max	Postassistent	Erlenstraße	28	pt
1897	Mai	Hermann Max	Postassistent	Erlenstraße	2	III
1898	Mai	Hermann Max	Postassistent	Erlenstraße	2	III
1899	Mai	Hermann Max	Ober-Postassistent	Erlenstraße	36	III
1900	Mai	Hermann Max	Ober-Postassistent	Schönbrunnstraße	2	III
1901	Mai	Hermann Max	Ober-Postassistent	Schönbrunnstraße	2	III

1902	Mai	Hermann Max	Ober-Postassistent	Schönbrunnstraße	2	III
1903	...	...	Kein Adressbuch	...	...	...
1904	Mai	Hermann M.	Ober-Postassistent	Jordanstraße	4	II
1905	Mai	Hermann Max	Postsekretär	Jordanstraße	35	II
1906	Mai	Hermann Max	Postsekretär	Jordanstraße	43	pt
1907	Mai	Hermann Max	Postsekretär	Jordanstraße	43	pt
1908	Mai	Hermann Max	Postsekretär	Jordanstraße	43	pt
1909	Mai	Hermann Max	Postsekretär	Jordanstraße	28	pt
1910	Mai	Hermann Max	Postsekretär	Jordanstraße	2	III
1911	Mai	Hermann Max	Postsekretär	Jordanstraße	2	III
1912	Mai	Hermann Max	Postsekretär u. Amtsvorsteher	Alaunstraße	17	II
1913	Mai	Hermann Max	Oberpostsekretär	Alaunstraße	18	II
1914	Mai	Hermann Max	Oberpostsekretär	Alaunstraße	2	III
1915	Mai	Hermann Max	Oberpostsekretär	Alaunstraße	2	III
1916	Mai	Hermann Max	Oberpostsekretär	Alaunstraße	2	III
1917	Mai	Hermann Max	Oberpostsekretär	Alaunstraße	18	II
1918	Mai	Hermann Max	Oberpostsekretär	Alaunstraße	42	II
1919	Mai	Hermann Max	Oberpostsekretär	Alaunstraße	42	II
1920	Mai	Hermann Max	Oberpostsekretär	Alaunstraße	42	II

Jahr		Name	Beruf	Straße	Nr.	Etage
1921	Mai	Hermann Max	Oberpostsekretär	Alaunstraße	42	II
1922/23	Mai	Hermann Max	Oberpostsekretär	Alaunstraße	42	II
1924/25	Mai	Hermann M.	Oberpostsekretär	Alaunstraße	42	II
1926/27	Mai	Hermann Max	Oberpostinsp. i. R.	Alaunstraße	10	I
1927/28	Mai	Hermann Max	Oberpostinsp. i. R.	Alaunstraße	10	I
1930	Mai	Hermann Max	Oberpostinsp. i. R.	Alaunstraße	10	I
1931	Mai	Hermann Max	Oberpostinsp. i. R.	Alaunstraße	33	II
1932	Mai	Hermann Max	Oberpostinsp. i. R.	Alaunstraße	10	I
1933	Mai	Hermann Max	Oberpostinsp. i. R.	Alaunstraße	10	I
1934	Mai	Hermann Max	Oberpostinsp. i. R.	Alaunstraße	0	...
1935/39	Mai	Hermann Max	> siehe Mikro-Fiches in der SLUB	...	...	...
1940	Mai	Hermann Max	Ober-Postinspektor a. D.	Alaunstraße	87	I
1941	Mai	Hermann Max	Ober-Postinspektor a. D.	Alaunstraße	87	I
1942	Mai	Hermann Max	Ober-Postinspektor a. D. [+12.6./84 J.]	Alaunstraße	87	I
1943/44	Mai	Ida Rosalie	Ober-Postinspektors a. D. Wittwe	Alaunstraße	87	I

Dresden 1943/44; Mai Ida Rosalie; Oberpost-Inspektors Witwe; N6; Alaunstraße 87 I; [verstorben nach 1944].

8.4 Straßennamen

Auch die Namen der Straßen und Plätze, ihre Herkunft und Bedeutung, die oft häufigen Änderungen, aber auch die Tatsache, dass derselbe Name mehrmals in Dresden erscheint, meist im Zusammenhang mit Eingemein- dungen, geben uns Hinweise auf die Geschichte unserer Stadt. Die Straßen- namen haben ja ihren Ursprung nicht in irgendwelchen Festlegungen einer städ- tischen Behörde, sondern sind zunächst durch den „Volksmund" entstanden. So bezogen sich die *Benennungen eines Ortes* in Dresden auf bestimmte bekannte Bürgerfamilien, wie „Zahnsgasse" oder „Kundigengasse" oder auf Gewerbetreibende die in den entspr. Gassen wohnten bzw. dort tätig waren, wie z. B. *Weber-*, *Sporer-*, *Töpfer-* oder *Gerbergasse*, manchmal auch auf ein an der Gasse gelegenes Gebäude wie *Brüder-*, *Schloß-*, *Frohngasse*, oder auf den nächstgelegenen Ort wie > Meißen, Wilsdruff, Pirna.

Dadurch war natürlich auch begründet, dass diese Namen sich änderten. Erst seit 1803 brachte man an den Straßenecken Tafeln mit der *amtlichen Bezeichnung* an. Aber auch von Amtswegen wurden diese Namen dann auch noch oft geändert, z. B. wegender Eingemeindungen, baulicher Veränderungen, aktuell bekannter bzw. zu ehrender Persönlichkeiten. Alle diese Angaben sind wiederum mit den historischen Geschehnissen verbunden. Zahlreiche Bücher habendiese Veränderungen untersucht und geben uns dazu heute wichtige Hinweise[11+23].

8.4.1 Beispiel *Moritzstraße*

Im Dresdner Adressbuch fürs Jahr 1842 ist erstmalig auch ein „Straßenverzeichnis" mit den jeweiligen Häusern vorhanden, geordnet nach den **neuen Haus-Nummern** und mit Angabe der entspr. **Kataster-Nummern** (siehe Übersicht gem. Anlage 1). Aus den dort gemachten Angaben ist auch eine Reihe von Rückschlüssen möglich.

Die damalige Moritzstraße beginnt mit der Hausnummer 1 und hat die Kataster Nr. 203 [im amtlichen Grundstückverzeichnis].

➢   Im **Adressbuch fürs Jahr 1842**:

„Dritte Abtheilung. A. Straßenverzeichnis sämmtlicher Häuser und deren Besitzer nach alphabetischer Ordnung der Straßen oder Plätze, nebst den neuen Gassen- und Cataster-Nummern."

Seite 15, der Hausbesitzer ist ein Hr. *EULE* > siehe 1842 Namensverzeichnis:

Eule Johann Gottlieb, Sattler, Hbs., Langegasse 35 pt., er wohnt nicht in seinem Haus.

Im **Adressbuch fürs Jahr 1868**:

Erste Abtheilung, II. Abschnitt – Nachweis der Bewohnerschaft in alphabetischer Reihenfolge der Straßen" Seite 145,Moritzstraße. Cataster-Abtheilung A. S. 2. (2. Sicherheits-Polizei-Bezirk = A.6.) (6. Armendistrict) W.2. (2. WohlfahrtsPolizeibez.) (2. Schornsteinfeger-Bez.) (N. 2: Nachtwächter-District)

1. [= Haus-Nummer] 1455 [= Steuer-Einheiten] 203 [= Cataster-Nummer, gehört zum Neumarkt Nr. 9]. E [= Haus-Eigenthümer] > Dorn, Minna, Hoteliers W. [= Wittwe]. Im Namensverzeichnis des Dresdner **Adressbuches 1868**:

*Dorn Minna, Hoteliers Wittwe Hotel de Saxe, Neumarkt 9. Wohnung **Moritzstraße.***

Die Straßennamen und die der Plätze in den Adressbüchern sind natürlich von der Anzahl und der Schreibweise in den Jahren recht unterschiedlich. Aber über all die Jahre hinweg hat sich auch einiges *erhalten* bzw. gilt über alle Jahre dieses Buches. So wird z. B. die Moritzstraße / Morizstraße oft als eine der „vornehmen" Straßen genannt, die insbes. von dem Adel und den Vermögenden für ihren Wohnsitz in der Residenzstadt bevorzugt wird. In den erfassten Adressbüchern gibt es insgesamt 746 Einträge, und wenn man dann in der Rubrik *Beruf /Titel /Tätigkeit* sich die Namen ansieht, wird dies auch so prinzipiell bestätigt [20].

Moritzstraße +. [Quelle: Das Namensbuch der Straßen und Plätze im 26er Ring [11]]

Diese heute überbaute Straße (siehe Karte H 6), die vom Neumarkt zur König-Johann-Straße (heutige Wilsdruffer Straße) führte, wurde unter KURFÜRST MORITZ angelegt und im 16. JH., zum Teil auch noch im 17. JH unter verschiedenen Namen erwähnt: 1556 Neue Gösse in der Nauestadt, 1557 Naugasse, daneben auch bereits Moritzstraße und 1560 Moritzgasse zu Ehren des 1501 geborenen und 1553 im Feldlager nach der Schlacht bei Sievershausen verstorbenen Kurfürsten Moritz (> sein Monument an der Jungfernbastei). Die Benennung Obere Moritzstraße (1570 und 1601) und Große Moritzstraße (1588 und 1591) führte die Straße im Gegensatz zu der Unteren oder Kleinen Moritzstraße (siehe Augustusstraße). In den Jahren 1555, 1557 und 1564 fanden auch die Namen Hern- (Herren-) und Junckergasse Erwähnung. Sie bezogen sich darauf, daß sich mehrere Adlige dort ansiedelten, weil der Landesherr ihnen die Plätze geschenkt hatte. Diesem Umstand ist wohl zuzuschreiben, daß »mißgünstige« Bürger, so in den Jahren 1593 und 1649, die Benennung Bettelgasse aufbrachten. Die Bezeichnung Marktstraße (1628) wurde ihr beigelegt.

Seit der Mitte des 17. Jahrhunderts war die Benennung „Moritzstraße" üblich. Im Volksmund jedoch erhielt sich noch längere Zeit die verstümmelte Form „Mohrenstraße"…

Bild oben: Kupferstich von GUSTAV TÄUBERT (1817-1913), um 1840 mit dem Hotel „Stadt Rom"; Blick vom Neumarkt in die Moritzstraße, deren Eingang von zwei bekannten Hotels gesäumt wird. Links das ehemalige Palais de Saxe mit der schönen barocken Fassade und dem vom Obermeister der Maurerinnung SAMUEL ADAM erbauten Erker an der Moritzstraße. Rechts das ebenso wie das Hotel de Saxe im Dresdner Maiaufstand 1849 schwer umkämpfte und beschädigte Hotel Stadt Rom. Am Ende der Moritzstraße sind die Häuser der Schießgasse zu erkennen, die beim Durchbruch der Moritzstraße ab 1885 abgebrochen wurden.

Bild unten > nach www.falk.de der Neumarkt >Moritzgasse< Stand von **2009**

Auszug „Namenbuch der Straßen und Plätze Dresdens" A. Hantzsch/1905 [23]
[Seite 96] **Moritzgasse** siehe *Moritzstraße*.

    Moritzstraße, von Kurfürst Moritz 1548 angelegt, wird im 16. JH, zum Theil auch noch im 17. JH unter verschiedenen Namen erwähnt: 1566 *Neue Gasse in der Nauestadt*, 1557 *Naugasse*, daneben auch bereits *Moritzstraße* und 1560 *Moritzgasse* zu Ehren des am 21. März 1521 geborenen und am 11. Juli 1553 im Feldlager nach der Schlacht bei Sievershausen verstorbenen Kurfürsten Moritz. Die Benennungen *Obere Moritzstraße* (1570 und 1621) und *Große Moritzstraße* (1588 und 1591) führte sie im Gegensatze zu der *Unteren* oder *Kleinen Moritzstraße* (s. Augustusstraße). In den Jahren 1555, 1557 und 1564 finden sich die Namen *Hern* (Herren) und *Junckergasse* erwähnt; sie beziehen sich darauf, daß sich mehrere Adlige dort anbauten; weil der Landesherr ihnen Plätze geschenkt hatte, mögen mißgünstige Bürger die Benennung *Bettelgasse* aufgebracht haben, die 1593 und 1649 erwähnt wird. Die Bezeichnung *Marktstraße* (1628) wurde ihr nur vereinzelt beigelegt. Seit der Mitte des 17. Jahrhunderts blieb die Benennung *Moritzstraße* allein in Gebrauch, nur erhielt sie im Volksmunde bisweilen die verstümmelte Form *Mohrengasse*.

Blick aus der (heute sehr kurzen) Moritzgasse auf den Neumarkt 2011

9. Quellen und Literatur-Verzeichnis

1) Adressbücher für Dresden >   http://wiki-de.genealogy.net/Dresden

Verein Computergenealogie e.V. http://www.genealogy.net/

GenWiki Adressbuchdatenb.   http://adressbuecher.genealogy.net/

2) „Das jetzt lebende Dresden" 1702 [siehe auch Anlage 1]

http://www.slub-dresden.de/sammlungen/digitale-sammlungen/
werkansicht/cache.off?tx_dlf%5Bid%5D=10110&tx_dlf%5Bpage
%5D=1&tx_dlf%5Bpointer%5D=0

3) „Meyers Konversations-Lexikon" 1888; Autorenkollektiv, Verlag des Bibliographischen Instituts, Leipzig und Wien, Vierte Auflage, 1885-1892; 4. Band: China - Distanz, Seite 937-938;

http://www.peter-hug.ch/lexikon/1888_bild/04_0938

„Wörterbuch der hochdeutschen Mundart" von Johann Christoph Adelung
http://lexika.digitale-sammlungen.de/adelung/online/angebot

4) „Sächsische Staatskalender"
http://wiki-de.genealogy.net/Staatskalender

5) „Rittergüter in Sachsen" SLUB Dresden Hisat.Sax.M 437s [z. Zt. kein Digitalisat]

6) „Dresdner Geschichtsblätter" 1918 > S. 110 Auszug

http://digital.slub-dresden.de/sammlungen/werkansicht/31079186Z/113/

7) WikiPedia

http://de.wikipedia.org/wiki/Wikipedia:Hauptseite

8) „Stadtlexikon Dresden" als Druck und im IN (Internet)

http://www.dresden-lexikon.de/

9) „Geschichte der Stadt Dresden", Konrad Theiss Verlag GmbH, Stuttgart/2005

[keine Digitalisate. Aber demnächst als *e-Book* bzw. pdf-Datei geplant]

Band 1: „Frühgeschichte und Mittelalter".

Herausgegeben von Karlheinz Blaschke und Uwe John

Band 2: „Residenz von europäischem Rang 1648-1763".

Herausgegeben von Reiner Gross und Uwe John

Band 3: „Dresden im Kaiserreich 1871-1918".

Herausgegeben von Holger Starke und Uwe John

10) „Dresdner Geschichtsbuch Band 1 bis 16"

Herausgegeben vom Stadtmuseum Dresden 1955-2011

11) „Das Namensbuch der Straßen und Plätze im **Westen der Stadt Dresden**"

Herausgegeben Stadtmuseum Dresden 1996

„Das Namensbuch der Straßen und Plätze im **26er Ring** Dresden".

Herausgegeben Stadtmuseum Dresden 1993

Für weitere Stadtgebiete liegen im Stadtmuseum/Bücherei Manuskripte vor:

„Das Namensbuch der Straßen und Plätze im Osten der Stadt" (rechts der Elbe)

„Das Namensbuch der Straßen und Plätze im Süden der Stadt"

„Das Namensbuch der Straßen und Plätze im Osten der Stadt" (links der Elbe)

„Das Namensbuch der Straßen und Plätze im Norden der Stadt"

„Das Namensbuch der Straßen und Plätze im Süden der Stadt"

„Das Namensbuch der Straßen und Plätze im Norden der Stadt

„Das Namensbuch der Straßen und Plätze der von 1997 bis 1999 nach Dresden eingemeindeten Ortschaften"

12) „Dresdner Gastlichkeit – von den Anfängen bis zur Gegenwart"

von Manfred Wille/2008

13) „Gasthausgeschichten aus dem alten Dresden"

von Andreas Them/edition Sächsische Zeitung/2010

14) „Dresden, zwei Städte am Fluss"

von Reinhard Delau/edition Sächsische Zeitung/2010

15) „Anektoden aus 800 Jahren Dresden"

von Reinhard Delau/edition Sächsische Zeitung/2008

16) „Sächsische Erfindungen"

von Klaus Gertoberens/edition Sächsische Zeitung/2008

ISBN 978-3-938325-31-5

17) „Auf dem Malerweg"

von Klaus Willem Sitzmann/edition Sächsische Zeitung/2008

ISBN 978-3-938325-53-7

18) ZEITSCHRIFT FÜR MITTELDEUTSCHE FAMILIENGESCHICHTE, ZMFG 49

> Jahrgang, Heft 4 [Seiten 457-473], Oktober-Dezember 2008

Titel: Quellen zur personen- und familiengeschichtlichen Forschung in Dresden
- Der Königlich Polnische und Churfürstlich Sächsische Hof- und Staatskalender - Artikel von Alexander Niemann [Erg./Hinweise S. May]

19) „Monographien zur deutschen Kulturgeschichte" von Georg Steinhausen

Teil > Ernst Mummenhoff „Der Handwerker" / 1901

20) http://diglib.hab.de/wdb.php?dir=drucke/gm-4f-270

Der Chur-Fürstlichen Sächsischen weitberuffenen Residentz- und Haupt-Vestung Dresden Beschreibung: Auf der Churfürstlichen Herrschafft gnädigstes Belieben in Vier Abtheilungen verfaßet/ mit Grund: und anderen Abrißen/ auch bewehrten Do.../ Anton Weck. – [Electronic ed.]. - Nürnberg : Hoffmann, 1680

21) „Chronik der königlich sächsischen Residenzstadt Dresden und therer

Bürger" verfasst von Dr. Gustav Klemm, 1835. [SLUB Dresden]

22) „dtv-Atlas Namenskunde" von Prof. Konrad Kunze/1999

Vor- und Familiennamen im deutschen Sprachgebiet

23) „Namenbuch der Straßen und Plätze Dresdens" von Adolf Hantzsch/1905

In diesem Buch werden 1.380 Namen untersucht und ihr „Ursprung" sowie die Bedeutung einschl.der zeitlichen Veränderungen dargestellt.

Siehe hierzu auch die aktuelleren Quellen > siehe auch **11).**

Anlage 1: Übersicht der „Adressbücher" zur Stadt Dresden

http://wiki-de.genealogy.net/Dresden

1688 Buch DD   http://diglib.hab.de/wdb.php?dir=drucke/gm-4f-270&image=00008

„Der Churfürstlichen Sächsischen weitberuffenen Residentz-und Haupt-Vestung Dresden ..." Nur einzelne Personen benannt.

1702 Buch DD   http://www.slub-dresden.de/sammlungen/digitale-sammlungen/werkansicht/cache.off?tx_dlf%5Bid%5D=10110&tx_dlf%5Bpage%5D=1&tx_dlf%5Bpointer%5D=0

„Königliches Dreßden in Meissen/ vorstellend den voritzo darin befindlichen Resp. Königl. und Chur-Sächs. Regierungs-, Hof-, Militz-, Cammer-Steuer- und Kirchen-Staat/ benebst dem Stadt-Magistrat und einig anderen Conditionirten Personen Anno 1702"

1728-1927 Hofk.   http://wiki-de.genealogy.net/Staatskalender#Sachsen.2C_K.C3. B6nigreich

Die Jahrgänge: 1728-1729; 1731-1733; 1735-1757; 1765-1773; 1775-1813; 1819, 1821, 1823, 1826, 1832, 1837, 1839, 1841, 1843, 1845, 1847, 1850, 1854, 1857, 1860, 1863, 1865-1867; 1870, 1873-1878; 1880-1889; 1903, 1905-1914; 1921, 1925, 1927. (1934)

Der 1934 von Otto Pischel herausgegebene Band: „Das neue Sachsen. Ein Handbuch für Verwaltung und Wirtschaft" kann nur bedingt in eine Reihe mit den vorangegangenen Bänden gestellt werden.

1738 Adrb. 346   http://www.slub-dresden.de/sammlungen/digitalesammlungen/ werkansicht/cache.off?tx_dlf[id]=9278

Inhaltsverzeichnis/ Das Jetztlebende Königliche Dreßden, Vorstellende den ... Das ietztlebende Königliche Dresden in Meißen, ... Titelblatt/ Vorwort/ Caput I. Das 1738. in Dreßden lebende Königl. und .../ Einwohnerverzeichnis. Caput II. Der im 1738sten Jahre ... 3/ Caput III. Von denen Hohen und Niedern Collegiis 102/ Einwohnerverzeichnis. Anhang. Einiger zu dem andern ... 104.

(GenWiki) Titel: Das ietztlebende Königliche Dresden in Meißen,

Untertitel: vorstellende den im Jahre MDCCXXXVIII befindlichen und darin sich würcklich wohnhafft aufhaltenden resp. Königl. und Churfl. Hof-, Regierungs-, Militair-, Hauß-, Kirchen- und Privat-Etaat. Andere, nach Alphabetischer Ordnung verbesserte Auflage.

Erscheinungsort: Dresden, zu finden bey Christian Robringen unterm Rathhause. Erscheinungsjahr: 1738. Inhalt:Vorrede …. Höchstgeneigtester Leser! (pp. 8-17). Cap.I. Das 1738 in Dreßden lebende Königl. und Churfürstl. Hauß Sachßen. (pp. 18-19). Umfang: 123 Seiten Cap. II. Der im 1738ten Jahre in der Königl. und Churfl. Sächß. Residentz Dreßden würcklich lebende Hof-, Regierungs-, Militair- und Kirchen-Etaat, nebst denen Gelehrten und vornehmsten Künstlern, nach Alphabetischer Ordnung. (pp. 20-119)

Cap.III. Von denen Hohen und Niedern Collegii, wo dieselben zu suchen, nach Alphabetischer Ordnung. (pp. 119-121)

Anhang: Einiger zu dem andern Capitel des ietztlebenden Dreßdens gehörigen und zu spät angemerckten Personen. (pp. 121-123)

Angaben zur Bearbeitung, Bearbeiter: Jörg Schlechte / Kontakt: …

Bearbeitungsstand: Anfang: 31.12.2009; Schlussred. 20.04.2010.

Datensätze: ca. 1,430 im AB angezeigte Personen; zusätzlich erfasst wurden etwa 460 Vermieter/Hausbesitzer ohne eigenen Eintrag.

Standorte: SLUB Dresden / online: Digitalisat der SLUB/ Direktlink zur Adressbuch-Datenbankabfrage: Adressbuch Nr. 346

1740 Adrb. 356 http://www.slub-dresden.de/sammlungen/digitale-sammlungen/werkansicht/cache.off?tx_dlf[id]=9706

Inhaltsverzeichnis/ Das Jetztlebende Königliche Dreßden, Vorstellende den … Das Jetztlebende Königliche Dreßden, Vorstellende den … Titelblatt/ Vorwort/ Cap. I. Das 1740. in Dreßden lebende Königl. und … Einwohnerverzeichnis. Cap. II. Der im 1740sten Jahre … 10. Cap. III. Von denen Hohen und Niedern Collegiis, Wo … 153

(GenWiki) Titel: Das Jetztlebende Königliche Dresden

Untertitel: vorstellende den im Jahre 1740 befindlichen und darinnen sich würcklich wohnhafft aufhaltenden resp. Königl. und Churfl.

Hof-, Regierungs-, Militair-, Hauß-, Kirchen- und Privat-Etaat. Dritte nach Alphabetischer Ordnung verbesserte Auflage.

Erscheinungsort: Dresden, bey Christian Robring.

Erscheinungsjahr: 1740

Inhalt: Vorrede. Nach Standes-Gebühr Hochverehrtester und respective Höchstgeneigtester Leser! (ohne Buchpaginierung, pdf pp. 7-9)

Cap. I. Das 1740 in Dreßden lebende Königl. und Churfürstl. Hauß Sachßen. (pp. 8-9, pdf pp. 12-15)

Cap.II. Der im 1740sten Jahre in der Königl. und Churfl. Sächß. Residentz Dreßden würcklich lebende Hof-, Regierungs-, Militair- und Kirchen-Etaat, nebst denen Gelehrten und vornehmsten Künstlern, nach Alphabetischer Ordnung. (pp. 10-152, pdf pp. 16-308). Cap. III. Von denen Hohen und Niedern Collegiis, wo dieselben zu suchen, nach Alphabetischer Ordnung. (pp. 153-155, pdf pp. 311)

Umfang: 155 Seiten

Angaben zur Bearbeitung

Bearbeiter: Jörg Schlechte, Kontakt: …

Bearbeitungsstand: Arbeitsbeginn April 2010, Einlieferung Mai, Einspielung 30.09.2010.

Datensätze: 2,194

Standorte: SLUB Dresden

online: Digitalisat der SLUB

Direktlink zur Adressbuch-Datenbankabfrage: Adressbuch 356

1741 bis 1795	keine Originale/Digitalisate als Adressbuch in der SLUB vorhanden.
1788	"Nachrichten von allen in Dresden lebenden Künstlern", gesammelt und herausgegeben von Heinrich Keller. Leipzig, im Verlage der Dykischen Buchhandlung, 1788 > in der SLUB, Sonderlesesaal.
1796	http://digital.slub-dresden.de/sammlungen/werkansicht/256749817/5/

1797 Adrb. 392   http://www.slub-dresden.de/sammlungen/digitale-sammlungen/werkansicht/cache.off?tx_dlf[id]=6473

Inhaltsverzeichnis/ Dresden zur zweckmäßigen Kenntniß seiner Häuser und ..., Band 1.1797/Band 2.1799

Inhaltsverzeichnis/Dresden zur zweckmäßigen Kenntniß seiner Häuser und ... Band 1.1797, Titelblatt/ Vorwort/ Häuserbuch/ Behördenverzeichnis 481/ Berufsklassen und Gewerbebetriebe 507/ Verzeichniß der Hausnummern, wie sie auf einander ... 571/ Errata 593/ Register/ Errata. Titel: Dresden zur zweckmäßigen Kenntniß seiner Häuser und deren Bewohner. Autor / Hrsg.: Gottlob Wolfgang Ferber, geh. Kanzlist (gr. Klostergasse 9, [Neustadt A-9], im 4ten Stock). Erscheinungsort: Dresden. Erscheinungsjahr: 1797. Inhalt: Vorerinnerung (S. 9-10). Häuser, nach Straßen, mit Angabe der Besitzer und Bewohner (S. 11-490). Rathskollegium (S. 491-504). Kirch- & Schulwesen (S. 505-511). Bürgerstand (S. 512-516). Verzeichniss der löblichen Innungen, deren Personal & Herbergen (S. 517-531). Verzeichniss der Apotheken, Comptoirs, Gewölbe, Läden u. Niederlagen (S. 532-557). Verzeichniss der Künstler, Fabrikanten u. Berufe ohne Innung (S. 558-570). Verzeichniss der bekanntesten Hotels, Speisehäuser u. Weinschenken (S. 572-573). Verzeichniss der auswärtigen Fabrikanten u. Kaufleute (S.574-576). Verzeichniss der Bothen u. Fuhrleute (S. 577-580). Verzeichniss der Hausnummern (S. 581-602). Berichtigungen (S. 603-616). Namens-Register (S. 617-707). Weitere Berichtigungen (S. 708-715). Umfang: 716 Seiten; Angaben zur Bearbeitung. Bearbeiter: Jörg Schlechte; Kontakt: ...

Bearbeitungsstand: Anfang: Juni 2010; fertig Mai 2011

Standorte: SLUB Dresden online: Digitalisat der SLUB; Direktlink zur Adressbuch-Datenbankabfrage: Adressbuch 392

1799 Adrb. 357   http://www.slub-dresden.de/sammlungen/digitale-sammlungen/werkansicht/cache.off?tx_dlf[id]=6473

Inhaltsverzeichnis/ Dresden zur zweckmäßigen Kenntniß seiner Häuser und ... Band 2. 1799 Titelblatt/ Vorwort/ Behördenverzeichnis/ Berufsklassen und Gewerbebetriebe 25/ Volkstabelle vom Jahre 1798 40/ Abkürzungsverzeichnis 41/ Einwohnerverzeichnis/ Verzeichniß auswärtiger Bothen und Landfuhrleute, mit ... 506/ Nachtrag 512/ Errata 546. Titel: Dresden zur zweckmäßigen Kenntniß seiner Häuser und deren Bewohner. Untertitel: Zweyte Ausgabe Autor / Hrsg.: Gottlob Wolfgang Ferber, geh. Kanzlist (gr. Klostergasse 9, [Neustadt A-9]), im 4ten Stock. Erscheinungsort: Dresden (Druck bei Gerlach in Freyberg), Erscheinungsjahr: 1799. Inhalt: Vorerinnerung (pp. 7-8).

Rathskollegium (pp. 9-21). Kirchen- und Schulwesen (pp. 21-27). Bürgerstand (pp. 27-32). Innungen (pp. 33-47). Volkstabelle 1798 (p. 48). Abbreviaturen (pp. 49-52). Einwohnerverzeichnis [ohne Titel] (pp. 53-539). Botenverzeichnis (pp. 540-545). Nachtrag nach bereits gedruckten Bogen – Umzüge, Todesfälle, etc. (pp. 546-576). Garnison der drey Feldbataillons (pp. 577-580). Berichtigungen (pp. 580-586). Umfang: 586 Seiten. Enthaltene Orte: Dresden & Vorstädte

Angaben zur Bearbeitung: Bearbeiter: Siegfried May

Kontakt: siegfried.may@kabelmail.de

Bearbeitungsstand: Arbeitsbeginn Februar 2010, Ersteinlieferung: 1. Mai 2010, online 30. Sept. 2010. Datensätze: 9,220

Standorte: SLUB Dresden, online: Digitalisat der SLUB

Direktlink zur Adressbuch-Datenbankabfrage: Adressbuch 357

1804	http://www.slub-dresden.de/sammlungen/digitale-sammlungen/werkansicht/cache.off?tx_dlf[id]=396
1809	http://www.slub-dresden.de/sammlungen/digitalesammlungen/werkansicht/cache.off?tx_dlf%5Bid%5D=6435&tx_dlf%5Bpage%5D=7&cHash=3df1a2a2bef9154c7d360b50016ce131
1810	http://www.slub-dresden.de/sammlungen/digitale-sammlungen/werkansicht/cache.off?tx_dlf%5Bid%5D=6429&tx_dlf%5Bpage%5D=5&cHash=f744b677d135ba6e30c745f952c3820b
1811	http://www.slub-dresden.de/sammlungen/digitale-sammlungen/werkansicht/cache.off?tx_dlf%5Bid%5D=6428&tx_dlf%5Bpage%5D=5&cHash=d39f7a3a36a0c0d9414974955fa0e820
1812	http://www.slub-dresden.de/sammlungen/digitale-sammlungen/werkansicht/cache.off?tx_dlf%5Bid%5D=6427&tx_dlf%5Bpage%5D=5&cHash=0e2cbafb1a3c744c75448c4406834e7f
1813 – 1815	keine Originale in der SLUB vorhanden

1816 http://www.slub-dresden.de/sammlungen/digitale-sammlungen/
werkansicht/cache.off?tx_dlf%5Bid%5D=6426&tx_dlf%5Bpage%5D=
5&cHash=73160b4c6d09b037f6c1650765c16bbe

1817 http://www.slub-dresden.de/sammlungen/digitale-sammlungen/
werkansicht/cache.off?tx_dlf%5Bid%5D=6425&tx_dlf%5Bpage%5D=
7&cHash=43deced37d788169ffca183a08b0abb0

1818 – 1819 keine Originale in der SLUB vorhanden

1820 http://www.slub-dresden.de/sammlungen/digitale-sammlungen/
werkansicht/cache.off?tx_dlf%5Bid%5D=6423&tx_dlf%5Bpage%5D=
5&cHash=183ac9aa0c79f6f66602b11479eaff28

1822 http://www.slub-dresden.de/sammlungen/digitale-sammlungen/
werkansicht/cache.off?tx_dlf%5Bid%5D=6422&tx_dlf%5Bpage%5D=
5&cHash=7bbf56cab1574941187f2fa5cf94ab3c

1823 http://www.slub-dresden.de/sammlungen/digitale-sammlungen/
werkansicht/cache.off?tx_dlf%5Bid%5D=6421&tx_dlf%5Bpage%5D=
1&cHash=3e16fe4274d31d4aef0251cb208e5bdb

1824 http://www.slub-dresden.de/sammlungen/digitale-sammlungen/
werkansicht/cache.off?tx_dlf%5Bid%5D=6420&tx_dlf%5Bpage%5D=
5&cHash=e1974a495412049459d12cd5c138f8c2

1826 http://www.slub-dresden.de/sammlungen/digitale-sammlungen/
werkansicht/cache.off?tx_dlf%5Bid%5D=6430&tx_dlf%5Bpage%5D=
5&cHash=98773dbaeac0cd50e9e05529f6e6d69d

1827 http://www.slub-dresden.de/sammlungen/digitale-sammlungen/
werkansicht/cache.off?tx_dlf%5Bid%5D=6419&tx_dlf%5Bpage%5D=
7&cHash=8d9ae5fd0fa314fe0be88426aa1d03f8

1828 kein Original in der SLUB vorhanden

1829 http://www.slub-dresden.de/sammlungen/digitale-sammlungen/
werkansicht/cache.off?tx_dlf%5Bid%5D=6418&tx_dlf%5Bpage%5D=
5&cHash=2843391ec2856790467bb8162c98eccd

1830 kein Original in der SLUB vorhanden

1831 Adrb. 358 http://www.slub-dresden.de/sammlungen/digitale-sammlungen/
werkansicht/cache.off?tx_dlf%5Bid%5D=6433&tx_dlf%5Bpage%5D=
9&cHash=e08e806c1f372a1f5ed0f4b4fd572485

Inhaltsverzeichnis/ Dresdner Adress-Kalender Band 1831 Titelblatt/
Abkürzungsverzeichnis/ Inhaltsverzeichnis/ Einwohnerverzeichnis/
Behördenverzeichnis/ Berufsklassen und Gewerbebetriebe/ Erra-
ta.Titel: Dresdner Adress-Kalender auf das Jahr 1831/ Untertitel: Mit
Königl. Sächs. Privilegio. Autor / Hrsg.: Zu finden auf der Johannis-
gasse, No. 345. (Gedruckt bei Carl Friedrich Gottlieb Schultze). Erscheinungsort: Dresden/ Erscheinungsjahr: 1831/Inhalt: Abkürzungen
(pp. 11-12). Inhalt (pp. 13-15). Alphabetisches Verzeichniß der Einwohner Dresdens, mit Bemerkung ihres Standes oder Geschäftes, der
Straßen in welchen dieselben wohnen und der Hausnummer (pp. 17-
307). Königl. Sächsischer Hof-Staat (pp. 308-324). Königl. Sächsischer
Zivilstaat (pp. 324-358). Königl. Sächsischer Militär-Staat (pp. 358-
366). Auswärtige Gesandschaften am Königl. Sächsischen Hof
(pp. 367-368). Der Stadtmagistrat (pp. 368-381). Verzeichniß der hiesigen Einwohner nach ihrem Stande, Gewerbe und Verrichtungen
(pp. 382-420). Berichtigungen (p. 421)./Umfang: 422 Seiten/ Enthaltene Orte: Dresden. Angaben zur Bearbeitung/ Bearbeiter: Siegfried
May/ Kontakt: siegfried.may@kabelmail.de Bearbeitungsstand:
Beginn April 2010, Einlieferung Juli 2010, online 30.9.2010. / Vorlage:
PDF (s. u. Standort online)/ Standorte: SLUB Dresden/ online: SLUB.
Direktlink zur Adressbuch-Datenbankabfrage: Adressbuch 358

1832 http://www.slub-dresden.de/sammlungen/digitale-sammlungen/
werkansicht/cache.off?tx_dlf%5Bid%5D=6415&tx_dlf%5Bpage%5D=
5&cHash=6a4bbe74e9f2a0fdd8ce14ad7beb6cda

1833 http://www.slub-dresden.de/sammlungen/digitale-sammlungen/
werkansicht/cache.off?tx_dlf[id]=6417

Inhaltsverzeichnis

Dresdner Adress-Kalender, Band 1833, Titelblatt

Abkürzungsverzeichnis, Inhaltsverzeichnis, Einwohnerverzeichnis

Verzeichniß sämmtlicher Mitglieder der ... 290

Behördenverzeichnis

Berufsklassen und Gewerbebetriebe

Dresdner Hof-Postamts-Bericht 141

Dresdner Bothenbericht 147. Errata

1834   http://www.slub-dresden.de/sammlungen/digitale-sammlungen/
werkansicht/cache.off?tx_dlf[id]=6416

Inhaltsverzeichnis: Dresdner Adress-Kalender, Band 1834, Titelblatt;
Inhaltsverzeichnis/ Einwohnerverzeichnis/ Abkürzungsverzeichnis/
Behördenverzeichnis/ Berufsklassen und Gewerbebetriebe/ Dresdner
Hof-Postamts-Bericht vom 1. Januar 1834, 135/ Dresdner Bothen-
bericht 137/ Errata 140

1835   http://www.slub-dresden.de/sammlungen/digitale-sammlungen/
werkansicht/cache.off?tx_dlf[id]=6431

Inhaltsverzeichnis/ Dresdner Adress-Kalender, Band 1835, Titelblatt/
Inhaltsverzeichnis/ Einwohnerverzeichnis/ Abkürzungsverzeichnis/
Behördenverzeichnis/ Berufsklassen und Gewerbebetriebe/ Dresdner
Hof-Postamts-Bericht vom 1sten Januar 1835, S.135/ Dresdner
Bothen-Bericht, S. 137/ Errata

1836   http://www.slub-dresden.de/sammlungen/digitale-sammlungen/
werkansicht/cache.off?tx_dlf[id]=6414

Inhaltsverzeichnis/ Dresdner Adress-Kalender, Band 1836, Titelblatt/
Inhaltsverzeichnis/ Abkürzungsverzeichnis VII/ Einwohnerverzeichnis/
Behördenverzeichnis/ Berufsklassen und Gewerbebetriebe, S. 105/
Dresdner Hof-Postamts-Bericht vom 1. Januar 1836, S. 144/ Dresdner
Bothen-Bericht, S. 146/ Errata

1837   http://www.slub-dresden.de/sammlungen/digitale-sammlungen/
werkansicht/cache.off?tx_dlf[id]=6413

Inhaltsverzeichnis/ Dresdner Adress-Kalender Band 1837 Titelblatt/ Inhaltsverzeichnis/ Abkürzungsverzeichnis VII/ Verzeichniß der Mitglieder der Ständeversammlung ... IX/ Einwohnerverzeichnis/ Häuserbuch 285/ Behördenverzeichnis/ Berufsklassen und Gewerbebetriebe 111/ Dresdner Hof-Postamts-Bericht vom 1. Januar 1837, 151/ Dresdner Bothen-Bericht, 153/ Errata 156

1838

http://www.slub-dresden.de/sammlungen/digitale-sammlungen/werkansicht/cache.off?tx_dlf[id]=10136

Inhaltsverzeichnis/ Königl. sächs. privilegirter Dresdner Adress-Kalender, Band 1838, Titelblatt/ Inhaltsverzeichnis/ Abkürzungsverzeichnis VII/ Einwohnerverzeichnis/ Häuserbuch 282/ Behördenverzeichnis/ Berufsklassen und Gewerbebetriebe 128/ Dresdner Hof-Postamts-Bericht. Vom 1. Januar 1838, 170/ Dresdner Bothen-Bericht 172/ Errata

1839

http://www.slub-dresden.de/sammlungen/digitale-sammlungen/werkansicht/cache.off?tx_dlf[id]=397

Inhaltsverzeichnis/ Adreß-Verzeichniß Dresden, Band 1839, Titelblatt/ Behördenverzeichnis/ Häuserb., S. 62

1840

in Bearbeitung bei GenWiki > Buch Nr. ....

http://www.slub-dresden.de/sammlungen/digitale-sammlungen/werkansicht/cache.off?tx_dlf[id]=6406

Inhaltsverzeichnis/ Dresdner Adress-Handbuch Band 1840 Titelblatt/ Inhaltsverzeichnis/ Abkürzungsverzeichnis V/ Einwohnerverzeichnis/ Häuserbuch 293/ Behördenverzeichnis/ Berufsklassen und Gewerbebetriebe 142/ Dresdner Hof-Postamts-Bericht 176/ Errata

1841

http://www.slub-dresden.de/sammlungen/digitale-sammlungen/werkansicht/cache.off?tx_dlf[id]=6407

Inhaltsverzeichnis/ Dresdner Adress-Handbuch, Band 1841, Titelblatt/ Einwohnerverzeichnis/ Häuserbuch 302/ Behördenverzeichnis/ Berufsklassen und Gewerbebetriebe 146/ Dresdner Hof-Postamts-Bericht 180/ Inhaltsverzeichnis/ Abkürzungsverzeichnis V/ Errata.

1842   http://www.slub-dresden.de/sammlungen/digitale-sammlungen/
werkansicht/cache.off?tx_dlf[id]=6408

Inhaltsverzeichnis/ Dresdner Adress-Handbuch, Band 1842, Titelblatt/
Inhaltsverzeichnis/ Abkürzungsverzeichnis V/ Einwohnerverzeichnis/
Behördenverzeichnis/ Häuserbuch/ Berufsklassen und Gewerbebe-
triebe 30/ Dresdner Hof-Postamts-Bericht 65/ Errata.

1843   http://www.slub-dresden.de/sammlungen/digitale-sammlungen/
werkansicht/cache.off?tx_dlf[id]=6432

Inhaltsverzeichnis/ Dresdner Adress-Handbuch, Band 1843, Titelblatt/
Inhaltsverzeichnis/ Abkürzungsverzeichnis V/ Einwohnerverzeichnis/
Behördenverzeichnis/ Häuserbuch/ Berufsklassen und Gewerbebe-
triebe 31/ Dresdner Hof-Postamts-Bericht 67/ Errata 74

1844   http://www.slub-dresden.de/sammlungen/digitale-sammlungen/
werkansicht/cache.off?tx_dlf[id]=6409

Inhaltsverzeichnis/ Dresdner Adress-Handbuch, Band 1844, Titelblatt/
Inhaltsverzeichnis/ Abkürzungsverzeichnis/ Einwohnerverz./ Behör-
denverzeichnis/ Häuserbuch/ Berufsklassen und Gewerbebetriebe 31
Dresdner Hof-Postamts-Bericht 69

1845   http://www.slub-dresden.de/sammlungen/digitale-sammlungen/
werkansicht/cache.off?tx_dlf[id]=6434

Inhaltsverzeichnis/ Dresdner Adress-Handbuch, Band 1845, Titelblatt/
Inhaltsverzeichnis/ Abkürzungsverzeichnis V/ Einwohnerverzeichnis/
Behördenverzeichnis/ Häuserbuch/ Berufsklassen und Gewerbebetriebe 125/ Neuester Dresdner Hof-Postamts-Bericht 163/ Anzeigen
170

1846   http://www.slub-dresden.de/sammlungen/digitale-sammlungen/
werkansicht/cache.off?tx_dlf[id]=6410

Inhaltsverzeichnis/ Dresdner Adress-Handbuch, Band 1846, Titelblatt/
Inhaltsverzeichnis/ Abkürzungsverzeichnis V/ Einwohnerverzeichnis/
Behördenverzeichnis/ Häuserbuch/ Berufsklassen und Gewerbebe-
triebe 130/ Dresdner Hof-Postamts-Bericht 170

1847

http://www.slub-dresden.de/sammlungen/digitale-sammlungen/werkansicht/cache.off?tx_dlf[id]=6411

Inhaltsverzeichnis/ Dresdner Adress-Handbuch, Band 1847, Titelblatt/ Inhaltsverzeichnis/ Abkürzungsverzeichnis/ Einwohnerverzeichnis/ Behördenverzeichnis/ Häuserbuch/ Berufsklassen und Gewerbebetriebe 31/ Dresdner Hof-Postamts-Bericht 71

[GenWiki] > Titel: Dresdner Adressbuch auf das Jahr, Erscheinungsort: Dresden. Erscheinungsjahr: 1847. Angaben zur Bearbeitung. Bearbeiter: Susanne Metzler. Kontakt: ... Bearbeitungsstand: Bearbeitung begonnen (2009-11-0). Vorlage: PDF (s. u. Standort online). Standorte: SLUB Dresden > online: Digitalisat der SLUB

1848

http://www.slub-dresden.de/sammlungen/digitale-sammlungen/werkansicht/cache.off?tx_dlf[id]=398

http://www.slub-dresden.de/sammlungen/digitale-sammlungen/werkansicht/cache.off?tx_dlf%5Bid%5D=399&tx_dlf%5Bpage%5D=1&cHash=f6d5af67013fb4b684802f8c1bdfa944

Inhaltsverzeichnis/ Adreß-Handbuch für die Residenz-Stadt Dresden, Band 1848, Titelblatt/ Abkürzungsverzeichnis/ Inhaltsverz./ Einwohnerverz./ Behördenverzeichnis/ Berufsklassen und Gewerbebetriebe/ Häuserbuch/ Anzeigen/ Plan der Residenz-Stadt Dresden

1849

http://www.slub-dresden.de/sammlungen/digitale-sammlungen/werkansicht/cache.off?tx_dlf%5Bid%5D=401&tx_dlf%5Bpage%5D=1&cHash=f78be8aac56985a630fcbeaaa8d92079

Inhaltsverzeichnis/ Adreß-Handbuch für die Stadt Dresden, Band 1849, Titelblatt/ Inhaltsverzeichnis/ Abkürzungsverzeichnis VIII/ Einwohnerverzeichnis/ Häuserbuch 134/ Behördenverzeichnis 290/ Berufsklassen und Gewerbebetriebe 361/ Anzeigen/ Plan der Stadt Dresden 21.

1850

http://www.slub-dresden.de/sammlungen/digitale-sammlungen/werkansicht/cache.off?tx_dlf[id]=404

Inhaltsverzeichnis/ Adreßbuch für die Stadt Dresden, Band 1850, Titelblatt/ Vorwort/ Abkürzungsverzeichnis/ Inhaltsverzeichnis/ Einwohnerverzeichnis/ Häuserbuch 134/ Behördenverzeichnis/ Berufsklassen und Gewerbebetriebe 366/ Fünfte Abtheilung. Gemeinnützige Notizen/ A. Verzeichniß der Cataster-Nummern in fortlaufender .../

Anzeigen/ C. Verzeichniß der in Dresden ankommenden und .../ D. Polizei-Bezirke/ E. Straßen und Plätze

1851

http://www.slub-dresden.de/sammlungen/digitale-sammlungen/werkansicht/cache.off?tx_dlf[id]=403

Inhaltsverzeichnis/ Adreßbuch für die Stadt Dresden, Band 1851, Titelblatt/ Abkürzungsverzeichnis/ Inhaltsverzeichnis/ Einwohnerverzeichnis/ Häuserbuch 155/ Behördenverzeichnis 328/ Berufsklassen und Gewerbebetriebe 395/ A. Verzeichnis der Cataster-Nummern in fortlaufender .../ B. Gemeinnützige Notizen 18/ Anzeigen 19/ D. Verzeichniß der in Dresden ankommenden und ... 47/ E. Polizei-Bezirke 53/ F. Straßen und Plätze 54

1852

http://www.slub-dresden.de/sammlungen/digitale-sammlungen/werkansicht/cache.off?tx_dlf[id]=393

Inhaltsverzeichnis/ Adreßbuch der Haupt- und Residenzstadt Dresden Band 1852 Titelblatt/ Abkürzungsverzeichnis/ Inhaltsverzeichnis/ Einwohnerverzeichnis 1/ Häuserbuch 159/ Behördenverzeichnis 328/ Berufsklassen und Gewerbebetriebe 391/ A. Verzeichnis der Cataster-Nummern/ B. Gemeinnützige Notizen 16/ Anzeigen 17/ D. Verzeichniß der in Dresden ankommenden und ... 41/ E. Polizei-Bezirke 47/ F. Straßen und Plätze 48. [in Bearbeitung bei GenWiki]

1853

http://www.slub-dresden.de/sammlungen/digitale-sammlungen/werkansicht/cache.off?tx_dlf[id]=394

Inhaltsverzeichnis/ Adreßbuch der Haupt- und Residenzstadt Dresden, Band 1853, Titelblatt/ Abkürzungsverzeichnis/ Inhaltsverzeichnis/ Einwohnerverzeichnis 1/ Häuserbuch 161/ Behördenverzeichnis 339/ Berufsklassen und Gewerbebetriebe 405/ A. Verzeichniß der Cataster-Nummern in fortlaufender .../ B. Gemeinnützige Notizen 15/ Anzeigen 17/ D. Verzeichniß der in Dresden ankommenden und ... 49/ E. Polizei-Bezirke 55/ F. Straßen und Plätze 56

1854

http://www.slub-dresden.de/sammlungen/digitale-sammlungen/werkansicht/cache.off?tx_dlf[id]=392

Inhaltsverzeichnis/ Adreßbuch der Haupt- und Residenzstadt Dresden Band 1854 Titelblatt/ Abkürzungsverzeichnis/ Inhaltsverzeichnis / Einwohnerverzeichnis 1/ Häuserbuch 170/ Behördenverzeichnis 358/ Berufsklassen und Gewerbebetriebe 425/ A. Verzeichniß der Cataster-

Nummern in fortlaufender .../ B. Gemeinnützige Notizen 15/ C. Allgemeine Bezirkseintheilung 18/ D. Straßen und Plätze 20/ Anzeigen 21

1855

http://www.slub-dresden.de/sammlungen/digitale-sammlungen/werkansicht/cache.off?tx_dlf[id]=411

Inhaltsverzeichnis/ Adreß- und Geschäftshandbuch der königlichen Haupt- ..., Band 1.1855, Titelblatt/ Einleitung / Inhaltsverzeichnis/ Abkürzungsverzeichnis X/ Erklärung der für die vaterländischen und auswärtigen .../ I. Abtheilung. Adreßhandbuch/ II. Abtheilung. Behördenverzeichnis: Geschäftshandbuch/ Nachtrag, die während des Drucks vorgekommenen ... 212/ Verzeichniß sämmtlicher Mitglieder der ordentlichen ... 215/ Das Stadtverordneten-Collegium (nach erfolgter Neuwahl) 219/ Zweiter Nachtrag zum Adreß- und Geschäfts-Handbuch der .../ Dritter Nachtrag zum Adreß- und ...

1856

http://www.slub-dresden.de/sammlungen/digitale-sammlungen/werkansicht/cache.off?tx_dlf[id]=417

Inhaltsverzeichnis/ Adreß- und Geschäftshandbuch der königlichen Haupt- ..., Band 2.1856, Titelblatt/ Abkürzungsverzeichnis/ Vorwort/ Inhaltsverzeichnis/ Erklärung der für die vaterländischen und auswärtigen .../ I. Abtheilung. Adreßhandbuch / II. Abtheilung. Behördenverzeichnis: Geschäftshandbuch/ Strukturtyp Band, Bandzählung, 2. Erscheinungsjahr 1856. Besitzer des Digitalisats SLUB Dresden, URL http://digital.slub-dresden.de/id32253214Z, Sammlung Projekt: Dresdner Adressbücher Saxonica Signatur Hist. Sax. G. 1004-1856

1857 bis 1860

noch keine Digitalisierung durch SLUB, aber Mikrofiches vorhanden

1861

Google >

http://books.google.com/books?id=r1YAAAAcAAJ&printsec=frontcover&hl=de&source=gbs_ge_summary_r&cad=0#v=onepage&q&f=false

1862

Google >

http://books.google.com/books?id=xlYAAAAAcAAJ&printsec=frontcov
er&hl=de&source=gbs_ge_summary_r&cad=0#v=onepage&q&f=false

1863 bis 1865 noch keine Digitalisierung der SLUB, aber Mikrofiches vorhanden.

1866 Google

http://books.google.com/books?id=DlcAAAAAcAAJ&printsec=frontcov
er&hl=de&source=gbs_ge_summary_r&cad=0#v=onepage&q&f=false

1867 kein Digitalisat vorhanden, aber Mikrofiches in der SLUB.

1868 Google

Titel: Adreß- und Geschäftshandbuch der Königlichen Haupt- und Residenzstadt Dresden für das Jahr 1868. Untertitel: (13. Ausgabe). Autor / Hrsg.: Einwohneramt der Königl. Polizeidirection. Erscheinungsort: Dresden. Inhalt: I. Abth. Adresshandbuch. 1. Alphabetischer Wohnungsnachweis selbstständiger Einwohner und der über ein Jahr aufhältlichen Fremden (S. 1-331, pdf, S. 27-355). 2. Nachweis der Bewohnerschaft der Häuser in alphabetischer Straßenfolge (S. 1-270, pdf, S. 356-626). Anhang. Die neuen Brandversicherungscataster-Nummern nach ihrer Reihenfolge (S. 271-295, pdf, S. 627-653).

II. Abth. Geschäftshandbuch. 1. Das Königshaus, Hausministerium und Hofstaat (S. 3-16, pdf, S. 654-617). 2. Die Staatsbehörden (S. 17-78, pdf, S. 671-732). 3. Die Stadtbehörden (S. 79-93, pdf, S. 733-747). 4. Kirchen und Schulen (S. 94-115, pdf, S. 748-769). 5. Privatanstalten für den öffentlichen Verkehr, gemeinnützige Zwecke etc. (S. 116-161, pdf, S. 770-815). 6. Die Geschäfts- und Gewerbetreibenden Dresdens (S. 161-254, pdf, S. 815-908). 7. Allgemeine Nachrichten von der Stadt und deren Einrichtungen (S. 255-267, pdf, S. 909-921). Notizen (S. 268-353, pdf, S. 921-1005). Tabellarische Übersichten (S. 295-389, pdf, S. 953-1041). Nachträge (S. 390-399, pdf, S. 1042-1051). Umfang: 1051 Seiten. Angaben zur Bearbeitung. Bearbeiter: Siegfried May, Kontakt: siegfried.may@kabelmail.de. Bearbeitungsstand: Beginn August 2010 – August 2011. [25.064 Einträge bearbeitet, aber noch nicht in GenWiki Datenbank].

1869 bis 1873   kein Digitalisat vorhanden, aber Mikrofiches in der SLUB.

1874   http://books.google.com/books?id=V8MwAAAAYAAJ

Adress- und Geschäfts-Handbuch der königlichen Residenz- und Hauptstadt Dresden (Germany). Polizeidirection/ 1 Rezension http://books.google.com/books/about/Adress_und_Gesch%C3%A4fts _Handbuch_der_k%C3%B6ni.html?hl=de&id=V8MwAAAAYAAJ. Bibliografische Informationen

Titel Adress- und Geschäfts-Handbuch der königlichen Residenz- und Hauptstadt Dresden. Autor Dresden (Germany). Polizeidirection

Veröffentlicht 1874. Original von Harvard University. Digitalisiert 21. Nov. 2008. Adress- und Geschäfts-Handbuch der königlichen Residenz- und Hauptstadt Dresden, Erscheinungsort: Dresden, Erscheinungsjahr: 1874. Umfang: 1164 Seiten.

1875 bis 1891   kein Digitalisat vorhanden, aber Mikrofiches in der SLUB.

1892   http://digital.slub-dresden.de/sammlungen/recherche

Wohnungs- und Geschäfts-Handbuch der Kgl. Residenz- und Hauptstadt Dresden für das Jahr 1892.

Insges. 1.884 Blatt inkl. Einband als pdf-Datei mit 602 MB.

1893 bis 1898   kein Digitalisat vorhanden, Mikrofiches in der SLUB

1899   http://www.slub-dresden.de/sammlungen/digitale-sammlungen/werkansicht/cache.off?tx_dlf[id]=453

Inhaltsverzeichnis/ Adreßbuch für Dresden und seine Vororte, Band 1899, Titelblatt/ Zur Geschichte der Stadt Dresden/ Inhaltsverzeichnis/Allgemeines/ Erster Theil. Einwohnerverzeichnis

Zweiter Theil. Häuserbuch

Dritter Theil. Behördenverzeichnis

Vierter Theil. Berufsklassen und Gewerbebetriebe/ Handelsregister – Genossenschaftsregister

Sechster Theil. Vororte.

>> derzeit in Arbeit [Abschreiben als Exel-Tabelle) für die Datenbank im GenWiki.

1900 bis 1901   kein Digitalisat vorhanden, Mikrofiches in der SLUB

1902   http://www.slub-dresden.de/sammlungen/digitale-sammlungen/ werkansicht/cache.off?tx_dlf[id]=438

Inhaltsverzeichnis/ Adreßbuch für Dresden und seine Vororte, Band 1902, Titelblatt/ Inhaltsverzeichnis/ Register/ Erklärung der für die in- und ausländischen Orden und ... 19/ Abkürzungsverzeichnis 22/ Allgemeiner Theil 25/ Erster Theil. Einwohnerverzeichnis/ Zweiter Theil. Häuserbuch/ Dritter Theil. Behördenverzeichnis/ Vierter Theil. Berufsklassen und Gewerbebetriebe/ Fünfter Theil. Handelsregister/ Sechster Theil. Vororte/ Anzeigen

1903   kein Adressbuch vorhanden

1904   http://www.slub-dresden.de/sammlungen/digitale-sammlungen/ werkansicht/cache.off?tx_dlf[id]=446

Inhaltsverzeichnis/ Adreßbuch für Dresden und seine Vororte, Band 1904, Titelblatt/ Inhaltsverzeichnis/ Register/ Erklärung der für die in- und ausländischen Orden und ... 19/ Abkürzungsverzeichnis 22/ Allgemeiner Teil/ Erster Teil. Einwohnerverzeichnis/ Anzeigen/ Zweiter Teil. Häuserbuch/ Dritter Teil. Behördenverzeichnis/ Vierter Teil. Berufsklassen und Gewerbebetriebe/ Fünfter Teil. Handelsregister/ Sechster Teil. Vororte/ Anzeigen 1

1905-1915   kein Digitalisat in der SLUB Dresden, aber Mikrofiches

1916   Das **Adressbuch ist digitalisiert**, wahrscheinlich von einem kommerz. Anbieter.

1917-1931	kein Digitalisat in der SLUB Dresden, aber Mikrofiches

1932 http://www.slub-dresden.de/sammlungen/digitale-sammlungen/
werkansicht/cache.off?tx_dlf[id]=489

Inhaltsverzeichnis/ Adreßbuch für Dresden und Vororte, Band 1932,
Titelblatt/ Inhaltsverzeichnis/ Register/ Abkürzungsverzeichnis XV/
Allgemeiner Teil/ 1. Einwohnerverzeichnis/ 2. Behördenverzeichnis/
3. Straßenverzeichnis und Häuserbuch/ 4. Berufsklassen und Gewer-
bebetriebe/ 5. Handelsregister – Genossenschaftsregister/ Vororte/
Anzeigen

1933 http://www.slub-dresden.de/sammlungen/digitale-sammlungen/
werkansicht/cache.off?tx_dlf[id]=510

Inhaltsverzeichnis/ Adreßbuch für Dresden und Vororte, Band 1933,
Titelblatt/ Inhaltsverzeichnis/ Register/ Abkürzungsverzeichnis XV/
Allgemeiner Teil/ 1. Einwohnerverzeichnis/ 2. Behördenverzeichnis/
3. Straßenverzeichnis und Häuserbuch/ 4. Berufsklassen und
Gewerbebetriebe/ Handelsregister – Genossenschaftsregister/ Voror-
te/ Anzeigen

1934 http://www.slub-dresden.de/sammlungen/digitale-sammlungen/
werkansicht/cache.off?tx_dlf[id]=511

Inhaltsverzeichnis/ Adreßbuch für Dresden und Vororte, Band 1934,
Titelblatt/ Inhaltsverzeichnis/ Register/ Abkürzungsverzeichnis XV/
1. Behördenverzeichnis/ 2. Einwohnerverzeichnis/ 3. Berufsklassen
und Gewerbebetriebe/ Handelsregister – Genossenschaftsregister/
5. Straßenverzeichnis und Häuserbuch/ Vororte/ Anzeigen

1935-1939 Adreßbuch für Dresden und Vororte sowie … 1935

Adreßbuch für Dresden und Vororte sowie … 1936

Adreßbuch für Dresden und Vororte sowie … 1937, 637.180 Ew.

Adreßbuch für Dresden und Vororte sowie … 1938, 638.127 Ew.

Adreßbuch für Dresden und Vororte sowie … 1939, 634.226 Ew.

1940   Adreßbuch für Dresden und Vororte sowie ... 1940, 634.818 Ew.

Dieses Buch, Teil *Straßen/Häuser/Namen* ist auch als Reprint 2008 für 1940 vorhanden.

1941   http://www.slub-dresden.de/sammlungen/digitale-sammlungen/ werkansicht/cache.off?tx_dlf[id]=408

[Genwiki] Inhaltsverzeichnis/ Adreßbuch der Landeshauptstadt Dresden ..., Band 1941, Titelblatt/ Inhaltsverzeichnis/ Register/ Abkürzungsverzeichnis XV/ 1. Behördenverzeichnis/ 2. Einwohnerverzeichnis/ 3. Berufsklassen und Gewerbebetriebe/ 4. Handelsregister – Genossenschaftsregister/ 5. Straßenverzeichnis und Häuserbuch/ Vororte/ Anzeigen

Titel: Adreßbuch der Landeshauptstadt Dresden

Untertitel: Freital-Radebeul, mit umliegend. 6 Städten und 24 Gem.

Autor / Hrsg.: Adreßbuchverlag der Dr. Güntzschen Stiftung

Erscheinungsjahr: 1941 . Umfang: (nur Teil II: Dresden) 994 Seiten

Enthaltene Orte: Dresden, Freital, Radebeul, Städte: Dohnau, Heidenau, Klotzsche, Rabenau, Tharandt, Wilsdruff, Gemeinden: Boxdorf, Cossebaude, Dölzschen, Friedewald, Gittersee, Gohlis, Hainsberg, Hellerau, Hosterwitz, Langebrück, Mobschatz, Moritzburg, Niederpoyritz, Niedersedlitz, Pappritz, Pillnitz, Reichenberg, Rockau, Schönfeld, Ullersdorf, Weixdorf, Wilschdorf, Zschachwitz, Zschieren

Angaben zur Bearbeitung / Bearbeiter: Jörg Schlechte/ Kontakt: ... / Bearbeitete Orte: derzeit nur Dresden / Standorte: SLUB Dresden

online: Digitalisat der SLUB

Direktlink zur Adressbuch-Datenbankabfrage: Adressbuch 265

Ort/ Anzahl/ Datensätze/ Anzahl Bewohner/ Bearbeiter/ Kontakt/ Bearbeitung begonnen/ Daten an AB-Team/ Daten zum Upload/ Daten online

Dresden ca. 190,000 626,900 (Dez. 1940), Jörg Schlechte, Feb. 2009, Aa-Amb 1,706, J. Schlechte, 29/03/2009, 07/04/2009, 2009-05-27, J. Schlechte 22/06/2009 21/07/2009 2009-07-27

Bahm-Ber 5,000, J. Schlechte, 28/10/2009, 24/11/2009, 25/11/2009.
Ber-Böhm 4,998, J. Schlechte, 31/12/2009, 18/01/2010, 20/01/2010

Von: http://wiki-de.genealogy.net/Dresden/Adressbuch_1941

1942   http://www.slub-dresden.de/sammlungen/digitale-sammlungen/
werkansicht/cache.off?tx_dlf[id]=436

Inhaltsverzeichnis/ Adreßbuch der Landeshauptstadt Dresden, ... Band
1942, Titelblatt/ Inhaltsverzeichnis/ Register/ Abkürzungsverzeichnis
XV/ 1. Behördenverzeichnis/

2. Einwohnerverzeichnis/ 3. Berufsklassen und Gewerbebetriebe/
4. Handelsregister – Genossenschaftsregister/ 5. Straßenverzeichnis
und Häuserbuch/ Vororte/ Anzeigen

[GenWiki] Titel: Adreßbuch der Landeshauptstadt Dresden / Untertitel: Freital-Radebeul, mit umliegenden 6 Städten und 24 Gemeinden

Autor / Hrsg.: Adreßbuchverlag der Dr. Güntzschen Stiftung / Erscheinungsjahr: 1942

Enthaltene Orte: Dresden, Freital, Radebeul, Städte: Dohnau,
Heidenau, Klotzsche, Rabenau, Tharandt, Wilsdruff, Gemeinden:
Boxdorf, Cossebaude, Dölzschen, Friedewald, Gittersee, Gohlis,
Hainsberg, Hellerau, Hosterwitz, Langebrück, Mobschatz, Moritzburg,
Niederpoyritz, Niedersedlitz, Pappritz, Pillnitz, Reichenberg, Rockau,
Schönfeld, Ullersdorf, Weixdorf, Wilschdorf, Zschachwitz, Zschieren >
Digitalisat der SLUB

1943/44   http://www.slub-dresden.de/sammlungen/digitale-sammlungen/
werkansicht/cache.off?tx_dlf[id]=405

Inhaltsverzeichnis/ Adreßbuch der Gau- und Landeshauptstadt
Dresden ..., Band 1943/44, Titelblatt/ Inhaltsverzeichnis/ Register/
Abkürzungsverzeichnis XV/ 1. Behördenverzeichnis/ 2. Einwohnerverzeichnis/ 3. Berufsklassen und Gewerbebetriebe/ 4. Handelsregister –
Genossenschaftsregister/ 5. Straßenverzeichnis und Häuserbuch/
Vororte/ Anzeigen

Nach 1945 >   gibt es **bis 1991 keine Adressbücher.**

Ab 1992-2003 Im Jahr 1992 erscheinen dann wieder die sog. „Blauen Adressbücher" bis zum Jahr 2003, wovon einige – 1992, 1993/94 – auch schon digitalisiert als CD-ROM in der SLUB Dresden ausgeliehen werden können. Parallel gibt es aber auch die versch. *Tel.-CD* mit versch. Suchfunktionen.

http://dispatch.opac.d-nb.de/DB=1.1/LNG=DU/SID=5b39aaab-13/CMD?ACT=SRCHA&IKT=8509&SRT=LST_ty&TRM=Adressbuch+Dresden

„Blaues Adressbuch Dresden 1993"

GRUSSWORT vom Oberbürgermeister Dr. Herbert Wagner, 1993

Adressen ermöglichen Kontakte, und Kontakte – seien sie privater, seien sie wirtschaftlicher Natur – sind unschätzbar wichtig für unser tägliches Leben. Auch diese nunmehr zweite Auflage des Blauen Adressbuches sorgt dafür, daß sie schnell und problemlos zustandekommen. Dresden ist eine traditionsreiche und traditionsbewußte Stadt, und auch das Adressbuch hat hier Geschichte. Das erste stammt aus dem Jahr 1797, sein Vorläufer geht gar auf 1702 zurück. 1943 erschien es zum vorerst letzten Mal. Seit der Neuauflage im vergangenen Jahr hat die Sachsenverlag GmbH in Zusammenarbeit mit der Stadtverwaltung umfangreiches Datenmaterial zusammengetragen, von dem alle in Dresden nun wieder profitieren können.

Das Adressbuch der Stadt 1993 führt den Bürger zu öffentlichen Einrichtungen, orientiert über Vereine und Verbände, bietet ein Branchen- und Firmenverzeichnis. Gespickt mit allerlei nützlichen Informationen, von Stadtplänen über Verkehrsverbindungen bis hin zu Freizeittips ist es tagtäglich ein verläßlicher, ja unerläßlicher Begleiter. Und es verbindet das Nützliche mit dem Angenehmen. Neubürger, aber auch alteingesessene Dresdner werden darin in Beiträgen zu Geschichte, Wirtschaft und Kultur manche hübsche Lektüre finden.

Für die Jahre 1994 – 1995 gibt es in der SLUB Dresden auch eine CD-ROM. Man kann aber auch für das Auffinden von **Namen und Adressen** eine der verschiedenen Tel.-CD nutzen, in denen natürlich nur die Personen mit Tel.-Anschluss verzeichnet sind und keinen Einspruch zu einer „Veröffentlichung" eingelegt haben.

Anlage 2: Auszug Adressbuch Dresden 1868

> Seiten 1-5 der Originals als „Muster"
> hier ca. 45 Namen/Seite, bei > insges. **25.065 Einträgen** wären für diese Einträge ca. 557 Seiten, d. h. doppelseitig **ca. 230 Blatt** erforderlich.

Name	Vornamen	Beruf/Titel/Tätigkeit	Wohnadresse	Nr.
Abeken	Chrst. W. Ludwig	Justizrath geh.	Johannisplatz	10
Abeken	J. C. Th.	Kaufmann	Lüttichaustraße	27
Abeken	J. Chst. H.	Kaufmann	Lüttichaustraße	27
Abel	M. Fdke.	Lotterie-Collecteurs Wittwe	Lüttichaustraße	25
Abendroth von	Gst. William	Gymnasiallehrer an der Kreuzschule	Mathildenstraße	3
Abendroth von	L. M.	Hauptmann	Casernenstraße	2
Abendroth von	Chst. Alex.	Leutnant	Wiesenthorstraße	5
Abendroth von	Ida	Majors Gattin	Georgenstraße	2
Abeßer	Htte L.	Baumeisters Wittwe	Großenhainerstraße	6
Abt	C. Gst.	Gerichtamtmann a. D.	Ammonstraße	50
Achtel	M. L.	Agentens gesch. Ehefrau	Stiftsstraße	1
Ackermann	Gst. Ad.	Appellationsrath in Warte-geld	Bautznerstraße	16
Ackermann	J. Gg.	Bäcker, Mühlengehilfe	Mosczinskystraße	4
Ackermann	C. F.	Beutler, Handschuhmacher	Leipzigerstraße	3
Ackermann	Frz. Julius	Blumenfabrikant	Dippoldiswaldaerplatz	10

Ackermann	Woldemar	Buchhalter b. d. Dresdner Papierfabrik	Ammonstraße	71
Ackermann	Ernst E.	Colporteur	Freibergerplatz	21
Ackermann	Andreas	Fabrikarbeiter	Ammonstraße	61
Ackermann	H. Gottlob	Friseur	Pillnitzerstraße	9
Ackermann	F. Ad. Ed.	Gartenarbeiter	Langebrückerstraße	4
Ackermann	Gst. F.	Guiden-Wachtmeister	Leipzigerstraße	3
Ackermann	C. Gst.	Hofrath fürstl. Reuß.	Marienstraße	21
Ackermann	J.	Kammermusikus königl.	Bartholomäistraße	5
Ackermann	Em. Th.	Kaufmann, Buchhalter	Wasserstraße	6
Ackermann	M.	Malerin	an der Bürgerwiese	17
Ackermann	J.F.	Postpackgehilfe	große Meißnerstraße	6
Ackermann	Julius Robert	Riemermeister	Langestraße	41
Ackermann	Traugott Julius	Schaffner	Casernenstraße	24
Ackermann	C. A. Ferdinand	Schuhmacher	Concordienstraße	9
Ackermann	Cäsar	Uhrmacher	Seestraße	18
Ackermann von	L. Wilhelmine Auguste	Collegien-Assessors Wittwe	Löbtauerstraße	14
Adam	C. F.	Auflader	Oppellstraße	28
Adam	J. Gottfried	Böttchermeister, Bühnenthürsteher	Fischergasse	12
Adam	C. Gst. Julius	Decorationsmaler	Stärkengasse	3
Adam	J. C. Th.	Diaconus, Katechet an der Frauenkirche	Pirnaischestraße	47
Adam	J. Gottfried	Feuermann	Waldgasse	13
Adam	Johanne Pauline	Grünwaarenhändlerin	an der Ziegelscheune	8
Adam	W.	Handelsmann	an der Kreuzkirche	9
Adam	Gustav W.	Hausbesitzer	Stärkengasse	3
Adam	J. Gottlieb	Kammermusikus a. D.	Langestraße	39
Adam	Christiane Wilhelmine	Kaufmanns Wittwe	Mathildenstraße	18
Adam	C. A. H.	Klempner, Hausbesitzer	Rampeschestraße	3

Adam	C. Gottlieb	Klempnermeister	Theresienstraße	14
Adam	Julius	Lehrer an der Freischule des Vereins …	Josephinenstraße	7
Adam	Agnes	Lehrerin b. d. 1. Bezirks-schule	Carolinenstraße	1
Adam	A. H.	Maurermeister	Mathildenstraße	18
Adam	C. Chst.	Nachtwächter	Tannenstraße	8
Adam	C. E. Benjamin	Packmeister	im Grund	1
Adam	Elisab. Ther. Pauline	Rechtsanwalts h. Tochter, Händlerin	Holzhofgasse	12
Adam	Johanne Chris-tiane	Restaurateurs Wittwe	Alaunstraße	28
Adam	J. C. Gottlieb	Schänkwirth	Pirnaischestraße	11
Adam	J. C. H.	Schneider, Kirchendiener, Calcant	Carolinenstraße	1
Adam	F. Gotthelf	Schuhmacher	Wachsbleichgasse	6
Adam	Gotthelf A.	Schuhmachermeister	Wachsbleichgasse	16
Adam	Julius O. Emil	Schuhmachermeister	Flemmingstraße	5
Adam	Gustav Adolph	Stadtbuchhalterei - Assistent	Röhrhofsgasse	5
Adam	Julius William	Tischler	Zahnsgasse	7
Adam	C. Gst. Hermann	Vergolder	Landhausstraße	21
Adametz	Joseph K.	Stallgehilfe	Stallstraße	2
Adelson	Jos.	Staatsrath	Räcknitzplatz	1
Adler	O. A.	Apotheker	Dippoldiswaldaergasse	10
Adler	C. Max Ottomar	Buchhändler	Poliergasse	5
Adler	Emilie Math.	Canzlei-Direktors h. T.	Leipzigerstraße	5
Adler	Eleonore	Leihbibliothekars Wittwe	große Schießgasse	5
Adler	C. Gst.	Meubleshändler	große Schießgasse	14
Adler	Chst. H.W.	Oberschaffner bei sä. böhm. Staatsbahn	Rosenweg	14
Adler	F. Gottlob	Registrator b. d. Armen-versorgungsbehörde	Louisenstraße	73

Adler	Franz	Rittergutsbesitzer, Land-tagsabgeordneter	Pillnitzerstraße	37
Adler	Johanne S.	Sandsteinhändlerin	Mathildenstraße	35
Adler	C. F.	Schänk- u. Speisewirth	Bischofsweg	73
Adler	Julius Romeo	Schänk- und Speisewirth, Kaufmann	Königsbrückerstraße	83
Adler	J. Gg.	Schneidermeister für Herren	Schloßstraße	25
Adler	C. H. Jul.	Schuhmacher	Schützengasse	1
Adolph	J. C. Gottfried	Böttchermeister	Kiefernstraße	1
Adolph	J. F. Emil	Geschäftsführer	Schillerstraße	18
Adolph	Gst. Gotthelf	Historienmaler	Albrechtsgasse	6
Adolph	Anna Christiane	Lohnköchin	Hospitalstraße	5
Adolph	Johanne Cons-tantine	Privatus Wittwe	Bachstraße	14
Aehle	Amalie S.	Doctors Wittwe	Louisenstraße	91
Aehlig	Im. Erdmann	Oeconom, Localrichter des 8. Bez.	Scheunenhöfe	24
Agsten	F. W.	Lehrer an der 3. Bez. Schule	Wölfnitzstraße	3
Agsten	C. Gottfried	Schänk- u. Speisewirth	Schössergasse	19
Ahl	C. A. Richard	Schlosser	Johannisplatz	4
Ahl	H. A. Ed.	Victualienhändler	Weißegasse	2
Ahner	Ad. A.	Hilfsarbeiter	große Oberseergasse	8
Ahnert	Ed. Robert	Lohnkellner	Jagdweg	1
Ahnert	Auguste	Seilers Wittwe	große Meißnerstraße	9
Ahrens	Eveline	Hofraths k. russ. Gattin	Walpurgisstraße	18
Ahrens	H. Ernst F.	Pferdehändler, Reitlehrer, Pferdeverleiher	Circusstraße	19
Ahrens	Adolf	Weinhändler	Seestraße	2
Akerhielm von	Fritz	keine Angabe	Pragerstraße	29
Albani	Minna Emilie	Cantors h. Tochter	Ostraallee	19
Albani	Adolf Robert	Dir. höherer Erzieh.-anstalt	Ostraallee	19

Albanus	Julius Curt	Kaufmann	Blasewitzerstraße	25
Albanus	C. Bruno	Kaufmann	kleine Plauenschegasse	29
Albanus	L. Gottliebe Auguste Jhne.	Particuliers Wittwe	Schäferstraße	53
Albert	C. W.	Briefträger b. H.-P.-Amt	Brückenstraße	9
Albert	Rud. Ferdinand	Decorationsmaler	an der Bürgerwiese	8
Albert	Johanne Christiane	Goldarbeiters Wittwe	Wilsdrufferstraße	38
Albert	Wilhelm	Hausbesitzer	Schloßstraße	29
Albert	Franz Josef	Procurist	Ostraallee	4
Albert	C. F. Benjamin	Rittergutsbesitzer	Ammonstraße	27
Albert	J. F.	Steuerbote	Obergraben	9
Albert	Martin	Tischler	Tharandterstraße	16
Alberti	F. Wilhelm	Kaufmann	Dohnaplatz	8
Alberti	Adelheid	Pastors Wittwe	unterer Kreuzweg	5
Alberti	C. H. Oscar	Registrator b. K. Ministerium des Innern	kleine Plauenschegasse	3
Albertoff von	NN	Generalmajor a.D.	Räcknitzstraße	4
Albrecht	F. W.	Aufwärter bei der Sparkasse	Scheffelgasse	5
Albrecht	J. Samuel C.	Bäckermeister	Elbberg	15
Albrecht	C. Ed.	Buchbindermeister	am See	36
Albrecht	O. Hermann	Buchbindermeister, Galanterie-Arbeiter	Scheffelgasse	20
Albrecht	M. Auguste	Buchbinders gew. Ehefrau	Breitestraße	12
Albrecht	Caroline S.	Fabrikantens Wittwe	Ammonstraße	38
Albrecht	Leberecht Traugott	Güterexpedient-Assistent	Töpfergasse	10
Albrecht	Chr. Fr. Ed.	Kfm., Buchhalter b. d. sä. Sandsteincompagnie	große Meißnerstraße	7
Albrecht	F. H. Ferdinand	Missionar	Marienstraße	28
Albrecht	Augst.Ern.Wlme.	Musikus gesch. Ehefrau	Seilergasse	5

Albrecht	F. W. Bernhard	Particulier	Pillnitzerstraße	22
Albrecht	J. A. Sal.	Registrator b. d. kgl. Polizei-Direktion	Bauhofstraße	11
Albrecht	A. P.	Riemermeister	Marienstraße	30
Albrecht	Jacob	Sattler	Ostraallee	38
Albrecht	C. A.	Schänk- u. Speisewirth	Camenzerstraße	32
Albrecht	C. Ed. Franz	Scharwerksmaurer	Schreibergasse	7
Albrecht	Traugott	Schneidermeister für Damen	Breitestraße	12
Albrecht	Gustav Adolf	Schreiber St. St.-Amte	am See	23
Albrecht	F. W.	Seifensiedermeister	Pirnaischestraße	8
Albrecht	J. Gottfried	Seilermeister	Prießnitzstraße	11
Albus	J. H. Conrad	Photograph	große Ziegelgasse	45
Albus	Johanne Christiane	Schneiders Wittwe	Marienstraße	4
Alder	J. Alois	Procurist	Oppellstraße	8
Alex	J. Edmund	Cand. Theol.	Poliergasse	4
Alex	J. C. Gottlieb	Maurer	Marktgasse	41
Alex	Amalie Therese	Oberhüttenmeisters Tochter	Poliergasse	4
Alexandroff von	Elisabeth	Leutnants Gattin	Ferdinandstraße	11
Alexandroff von	Olga	Oberstens Wittwe	Räcknitzstraße	4
Allmer	L. Emma	Kaufmanns Wittwe	Freibergerplatz	21
Allmer	Anna Kathinka	Musiklehrerin	Carolinenstraße	8
Allmer	Ernestine H.	Oberstleutnants Wittwe	Rhänitzgasse	9
Allram	C.	Handlungsreisender	an der Herzogin Garten	4
Allram	Gabriele	Hofschauspielerin	am Viaduct	2
Alscher	Augustin	Cantor emer.	Kreuzstraße	15
Alschner	C. Hugo	Lackirer	Töpfergasse	7
Alschner	W. Hermann	Secretär/Milt-Vorr.-Anst.	Elbberg	20

Alt	Aloise	Clavierlehrerin	Johannisstraße	7
Alt	J. Gustav	Particulier, Stadtrath a. D.	an der Brücke	2
Alter	E. Ferdinand	Diätist	Grunaerstraße	5
Alter	Julius	Möbelhändler	Halbegasse	11
Alter	Johanne Caroline Fdke.	Möbelhändlerin	Halbegasse	11
Altermann	Amalie Auguste	Band- u. Zwirnhändlerin	Seilergasse	13
Althammer	J. F. Robert	Lohnkellner	Obergraben	10
Altmann	J. Gottlob	Getreidehändler	große Ziegelgasse	12
Altmann	Franz Emil	Kaufmann	Langestraße	41
Altmann	Johanne Christiane	Magnetiseurs Wittwe	an der Weißeritz	30
Altmann	J. Gottfried	Obst- u. Kartoffelhändler	an der Elbe	13
Altmann	Charl. Wlhm. P.	Regierungssecretärs Tochter	Seilergasse	3
Altmann	E. W.	Schänk- u. Speisewirth	Elbgasse	6
Altmann	C. Gottlob	Schänk- u. Speisewirth	Wachsbleichgasse	3
Altmann	C. F.	Schuhmachermeister für Herren u. Damen	Schreibergasse	1
Altner	Emilie Mathilde	Kaufmanns Tochter	Schloßstraße	22
Altner	Emilie Mathilde	Kaufmanns Wittwe	Königstraße	3
Altner	C. F. Anton	Lehrer an der 4. Bürgerschule	Louisenstraße	59
Altnickel	C. Julius	Schuhmacher	Palmstraße	48
Altnickel	F. Rud.	Strohhutplatter	Hauptstraße	17
Altrock von	F. W.	Privatus	Holzhofgasse	1
Altschul	Sigmund	Privatus	Struvestraße	18
Altwein	Auguste Dor.	Band- u. Zwirnhändlerin	kleine Ziegelgasse	23
Altwein	Christiane Jlne.	Hpt. St. A. Dieners Wittwe	kleine Ziegelgasse	23
Alvensleben	C.W.Ldw.	Oeconom	Amalienstraße	8
Alvensleben von	J.Ldw. Gebh.	Particulier	Ammonstraße	4

Alvensleben-Erxleben v.	Hans	K. Pr. Legationssecretair	Mosczinskystraße	5
Alvey	Alfred	Rentier	Victoriastraße	9
Amburger	Franz	Beamter a.D.	Falkenstraße	54
Ament	Alwin Pius	Schneidermeister für Herren	Jacobsgasse	5
Amme	Auguste Amalie	Musiklehrers Wittwe	Antonstraße	10

www.tredition.de

Über tredition

EIN EIGENES BUCH VERÖFFENTLICHEN

tredition wurde 2006 in Hamburg gegründet. Seitdem hat tredition mehrere tausend Buchtitel veröffentlicht. Autoren veröffentlichen in wenigen leichten Schritten gedruckte Bücher, e-Books und audio-Books. tredition hat das Ziel, die beste und fairste Veröffentlichungsmöglichkeit für Autoren zu bieten.

tredition wurde mit der Erkenntnis gegründet, dass nur etwa jedes 200. bei Verlagen eingereichte Manuskript veröffentlicht wird. Dabei hat jedes Buch seinen Markt, also seine Leser. tredition sorgt dafür, dass für jedes Buch die Leserschaft auch erreicht wird.

Im einzigartigen Literatur-Netzwerk von tredition bieten zahlreiche Literatur-Partner (das sind Lektoren, Übersetzer, Hörbuchsprecher und Illustratoren) ihre Dienstleistung an, um Manuskripte zu verbessern oder die Vielfalt zu erhöhen. Autoren vereinbaren direkt mit den Literatur-Partnern die Konditionen ihrer Zusammenarbeit und partizipieren gemeinsam am Erfolg des Buches.

Das gesamte Verlagsprogramm von tredition ist bei allen stationären Buchhandlungen und Online-Buchhändlern wie z. B. Amazon erhältlich. e-Books stehen bei den führenden Online-Portalen (z. B. iBookstore von Apple oder Kindle von Amazon) zum Verkauf.

Jetzt ein Buch veröffentlichen: ***www.tredition.de***

Zeitfracht Medien GmbH
Ferdinand-Jühlke-Straße 7
99095 Erfurt, Deutschland
produktsicherheit@kolibri360.de